誰說一定要被喜歡才能被祝福

斷捨離消耗你的人，就能遇到對的人！

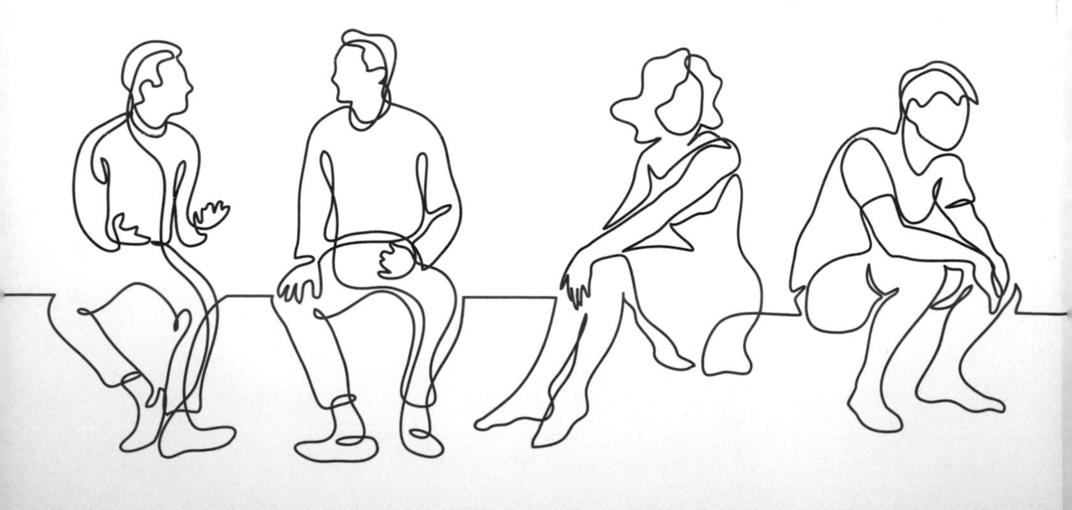

目次
CONTENTS

Chapter 3

整出成功的線索，理出失敗的枷鎖

目次
CONTENTS

Chapter 4

整理心關係，連結新關係

Chapter 5

千篇話語，不如起身整理

序章

我不是天才，是個智力測驗65分的庸才

從晚上七點多打開筆電裡新書大綱的檔案後，直到十一點多才開始打下第一個字，雖然床外伴著燈火點點的寧靜，流淌著微涼乾淨的空氣，但窗外的我卻度過四個小時的煩躁及焦慮。

看著暫定的書名及滿滿兩頁的大綱，內心卻不斷抗拒著逼自己要下筆的意志力，看完一部 youtube 接著一部 youtube，催眠自己是從中找尋著一絲絲的靈感，但所看的內容幾乎與書毫不相關，我很清楚我只是在拖延而已。

然後我試著靜坐，深深一口一口地吐納，希望能安撫內心的焦慮，但卻睡去了一會，驚醒了後，自認焦慮及煩躁感應該減少很多，便立刻正襟危坐地再度點開檔案，掃視過大綱一遍後……

還是打開youtube又再看了一部影評，然後跟自己喊話：「再看一部就好」、「再看一部就會有靈感了」，但這一看又是半個鐘頭過去。我問自己：「是不是已經江郎才盡了！」

突然間想起一位貴人對我說過：「你的故事很精彩，許多對自己迷惘的人，需要你的故事，就從你自己寫起就好。」坦白說，我很抗拒，因為我不是位「成功」的人，只是個一直找自己，然後不斷失敗的人。

也罷，那就從十年前說起，最早踏入企業教育訓練時，我是壓根沒想過出書的，怎麼可能有哪個笨蛋要砸錢幫我出？但大概在五年多前，便開始有了出書的妄想。

回想當時覺得自己在業界也跑了一段時間，授課經驗值及滿意度都有一定的水平，也承接了像是SAMSUNG、LG、TOYOTA……等國際品牌的課程，並且在難以生存的企業培訓市場中存活了下來。

接著之後的兩年，評估了大小不同的出版社後，決定從幾家小型出版社下手，但結局卻是「全部被打槍」，而且記者及財經雜誌總編朋友也評論我的文筆像是在「寫論文」，意思就是讀者不會想看的那種。

失望之餘，便想著或許可以自費出書，但在費用考量及朋友的建議下，還是暫時先放棄出書的計劃，自行宣布「出書失格」，想說再等個幾年看看。

直到兩年前，我看到經濟部中小企業處有個創業平台在徵文，就告訴自己，反正文筆也很差，就算被打槍，也試看看這幾年重新修正的寫作風格，是否能被市場接受。

一開始對方接到我的投稿時，也是平平淡淡的，反正平台上多點素材也是好。沒想到，第一篇就按讚超過三百個，轉分享三十多次，短短一週瀏覽就破六千點閱數。

當然這數據跟一些專欄名筆相比僅是十分之一，但卻是該平台過去平均按讚數的三十倍，瀏覽人次的十倍，立刻讓主管眼睛為之一亮。

接著窗口希望我能成為「每週專欄作家」，當時除了訝異之外，更覺得只是運氣好而已，但沒想到接下來的每篇流量都保持著不錯的點閱數。

接下來的六個月，每週一篇，每篇平均一千五百字的成果是，邀請我擔任「首席專欄作家」，且每週會在電子報及LINE上刊登我的文章，發送給全省近十萬位微中小型企業主看，並擔任創業講座的顧問及講師。

當時主任還跟我說：「因為我的專欄讓網站瀏覽量上升25％」，所以希望我能持續寫作，至今超過九十篇、十三萬字，雖然比不上神級的專欄作家，但也驚訝自己能這樣的堅持。

不是要證明我的文筆有多好，或是能寫這麼多字有多了不起，而是原本的我，並不是一塊寫作的料，高中的國文也被當掉過。

事實上，每週三的專欄之夜，就是我的噩夢之夜，時常寫到半夜兩、三點都是常有的事；即使寫了那麼久，但依然還是有寫作的心魔要克服。

我很喜歡蔡依林說的那句話：「我不是天才，是地才！」國中智力測驗只有65分的我，更覺得自己是庸才。所以第一章裡的自卑、自我否定、自我懷疑、負能量爆炸、身處邊緣人等症狀都是我曾經歷過的。

雖然這些症頭到現在還沒能完全康復，但希望用這走過的二十年，跟大家分享如何面對自己、接納自己，走出屬於自己的路。

如果第一章是瞭解自己的「症頭」，那在第二章便是「藥方」，不過這幾帖藥方並不太像是西藥，可以快速根治你的症狀，反而會較像是藥性溫和的中藥。在這個求快、求效率的時代裡，我希望不要老是頭痛醫頭，腳痛醫腳。

西藥好處是快速見效，但多是治標，而中藥的缺點是需要時間，不過多能治本。現代人遇到的真正問題，不是如何快速成功，而是找不到自己的成功。所以在一、二章裡的每篇都有附加一個「刻意練習」的部分，讓大家可以把觀念轉化為行動。

在第三章裡，會用我最擅長的 DISC 人格特質做為輔助工具，幫助大家找出自己的成功及失敗基因，之中還附有 DISC 人格特質基礎工作版測驗，讓大家可以快速瞭解自己的 DISC 類型，並學習第四、五章的實作方法與技巧。

不過此書的測驗與上一本《DISC 識人溝通學》的基礎綜合測驗版本有所不同，而是專注在職場上的 DISC 類型，如此好讓每個人可以從不同的角度，來瞭解自己的特質與天賦。

在第四章中，會從職場、父母、伴侶、朋友的人際關係的問題點切入，並透過 DISC 人格特質去整理出對應不同類型角色，該有的應對原則與技巧，幫助大家更具體的將方法落實在生活與工作中。

最後一章會將近兩、三年討論度很高的「斷捨離」與 DISC 人格特質做結合，教大家如何整理房間、掌握時間、轉化情緒、淡化執著、起身行動的技巧與步驟，讓大家不會只是閱讀，也要動起來，讓自己更好。

此書出版期間，正值新冠肺炎肆虐全球的黑暗期，感謝所有一線的醫療人員及防疫單位的付出與犧牲，因為你們才讓我們能安全的呼吸每一口空氣。希望此書在此刻帶給大家安慰與力量，期待不久的將來，隨著疫情的消散，每個人都能準備好迎接甦醒的未來。

最好的舞台，留給最好的自己。
最好的機會，就是現在！

Chapter 1

人生不快樂
是沒整理出症頭病

Some cause happiness wherever they go;
others whenever they go.
—Oscar Wilde

有些人走到哪裡都帶來快樂，但有些人離開後便讓人快樂。
—奧斯卡•王爾德，愛爾蘭作家

Chapter 1

越努力的人，越容易患上成功焦慮症

整理內心成功焦慮症的五個問題

❶ 你會選擇輕鬆平凡，還是辛苦卓越？

❷ 你願意為成功，付出多少代價？

❸ 你有一種越努力，就越焦慮的感覺嗎？

❹ 時間對你來說，是一種對成功渴望的壓力嗎？

❺ 達成怎樣的成就，對你來說才算是成功？

假如有兩個身分讓你選擇，你會選擇哪一個？

一、收入優渥的企業講師，也是暢銷書及專欄作家，所到之處無不受到學員的款待及歡迎，還擁有一間中小企業，每年固定出國員工旅遊。

二、日日朝九晚五，工作不需太費力，幾乎沒有壓力，只是要按表作業，不出大事，每年固定微幅加薪，每三年固定升遷，三十年後還有百萬退休金。

給自己十秒鐘，問問自己內心想選擇哪個身分？

我相信這時多慮的人便會問：「第一個有附加條件嗎？」、「第一個是不是要付出什麼代價？」、「還是第一種是不是婚姻不幸福。」

我先講一部今年非常紅的一部韓國電影「82年生的金智英」，大意是描述一位1982年出生的平凡女子，平凡的家庭、平凡的工作、平凡的婚姻，自女兒出生後，金智英辭掉工作，當起了平凡的家庭主婦，也躲開了職場中的性騷擾、歧視與壓力。

但其實金智英一直想重回職場，期待自己的能力被看見，渴望著自己的專業被認同，但因為女兒的到來，家中日復一日、年復一年的「母親工作」，讓她連去麵包店兼差都是一種困難。

反觀金智英原本公司的上司，離開了主管大位，自己創了業，成了時代的女強人，幹練的身形、聰慧的能力、令人稱羨的頭銜與事業，但月子都沒做完就趕回來上班，這真的是她想要的嗎？

你覺得誰比較成功？又誰比較焦慮？

平凡有平凡的焦慮，成功有成功的焦慮，每個身分和角色都會有不同的焦慮。但重要的是，要弄清楚這樣的焦慮，是給自己帶來成功，還是迷失在「追求」成功？

開頭問大家的第一個角色就是我本人，不少人可能多少有點羨慕這樣的成就，雖然我個人還不覺得這可以算是「成就」。

你看，這就是我的「成功焦慮症」，但現在症狀已經緩解了一半，最嚴重時是創業的前五年，當時心高氣傲，總覺得以自己的拼命，三年內定可以站上大舞台，年收入破百萬，還曾經在企業講師訓的課堂上宣示：「要成為年薪三百萬的企業講師！」

現在想想，當時怎麼會如此天真可笑、厚顏無恥，一年一年過去，目標沒達成，反而把公司搞到虧損。

後來把目標延後到五年，依然無法完成目標，雖然公司財務日漸穩定，授課穩定度及滿意度不斷創新高，但我依然焦慮，而且是越來越焦慮。

尤其在公司經營上，不斷參加各式的創業課程和商務交流活動，也買了一堆跟創業管理有關的書籍。

從網路行銷到商業模式，也訂了各類商管雜誌，網路上管理文章加到「我的最愛」都不像是「最愛」了。

我發現，越是努力，越是焦慮，我在趕的不是目標，而是「時間」。

我想要彌補過去荒廢的十年歲月，所以整整十年幾乎沒有週休二日過，包括所有節日、跨年、春節、彈性放假，過年差不多初四就進辦公室，每天平均工作14小時。

直到兩年前開始問我自己：「講課真的只為了賺錢嗎？」、「剛開始的快樂到哪裡去了？」、「我到底這麼拼是為了無止盡的焦慮嗎？」才開始慢慢放下「想快速成功」的心態，找回教學的樂趣與熱情。

看過很多名人訪談，特別是影視明星，像天后蔡依林、奧斯卡影帝李奧納多狄卡皮歐皆是典型的「成功焦慮症」巨星，原來大多數成功人士多少都有「成功焦慮症」，才會每天逼自己好還要更好，把自己推向壓力與成功。

本篇學習重點

適度的成功焦慮症是前進的動力，重度的成功焦慮症是熱情的阻力！

刻意練習

1. 寫出三年內，你希望達成的目標。

成為策展的專案主導人

2. 寫出三個，為什麼想達到這個目標的理由。

讓主管刮目相看、可以增加獎金、發揮所學

3. 試問哪一個理由最能讓你感到高昂的鬥志？

第一個，光是想到主管對我刮目相看就感覺很有衝勁！

刻意練習

1. 寫出三年內，你希望達成的目標。

2. 寫出三個，為什麼想達到這個目標的理由。

3. 試問哪一個理由最能讓你感到高昂的鬥志？

Chapter 1

老是沒貴人，是因為染上了

負能量躁鬱症

整理你是否有貴人運的五個問題

❶ 你覺得生命當中，遇到的貴人多嗎？

❷ 遇到問題時，通常覺得是自己的問題，還是他人？

❸ 覺得自己在工作上的際遇好嗎？

❹ 不順利時，會容易不自覺的發脾氣嗎？

❺ 你有時常花點時間幫助他人嗎？

「貴人」，一個誰都想要的朋友。
「貴人」，一個你怎麼找都找不到的人。
「貴人」，一個完全不知道要去哪裡找的人。
「貴人」，一個你常羨慕別人怎麼都有一堆的人。
「貴人」，一個自己身邊沒半個，卻很多人當你是的人。

「貴人」是很多創業或成功人生勵志故事中，都必須要有的一個角色，很多頒獎大會上，得獎人都會說出口的一號人物。

但很多人都在生活中抱怨，我就是沒有「貴人命」，要是我跟某某一樣有那麼多貴人相助，我也能幹出一番成就。

一位企業家二代，多年來一直怨嘆自己沒有貴人幫忙，一代手握大權，卻不懂得時代的變化，二代所提出的經營管理方法，幾乎全被一代打槍否決。

最大的問題是一代老是認為二代的心性不穩定，做事老是欠缺考量、情緒起伏不定、思慮不夠成熟，在企業經營管理上的火候不夠，因此一直無法安心交棒。

此外，二代的身旁不乏有事業有成的朋友或同學，每次聚會總像是場跑車的展覽秀一樣。雖然剛開始二代心裡不是滋味，但時間久了，心理就產生一種「我就是沒有貴人命」的想法。

一次一次的自我暗示，鬥志也一點一點的消沉，看到成功的人，就會告訴自己「那是他，又不是我」、「人家有錢，是他家的事」、「我就是沒有貴人命」、「我的命就是不好」……

到最後整天在公司做得心不甘情不願的，跟一代也經常擦槍走火，甚至有種自我放逐、走一步算一步的心態，搞得一代也不知道該怎麼交棒。

但攤開來講，這位企業二代根本不是那種「命不好」或「沒貴人命」的人，家族企業在地方上已經經營超過三十年，一代替他累積了少說幾百萬的資產及上千萬的房子。

但這位二代成天就是不喜歡公司的營運模式，不喜歡一代的領導風格，討厭老臣的嘴臉，總想接下棒子，改變原有做法，大刀闊斧的改革及創新。

但只要想法和做法不被認同，就態度強硬、口氣剛烈、時而不爽、時而威脅，一代夫妻倆也為此經常大動肝火，弄到公司上下雞犬不寧，員工都搖頭嘆氣。

這是典型的「負能量躁鬱症」，從一件不如意的小事，引發到另一個問題，接著越來越多的問題及不滿，然後把每件問題都解讀為「對自己不利」，最後心理潛意識總結並暗示自己，是因為「命不好」、「沒有貴人緣」，所以無法成功。

直到這位二代遇到一位德高望重的顧問後，他的「負能量躁鬱症」才慢慢緩解，雖然與一代還是會有零星衝突，但目前正一步步在做企業交棒的工作。

後來我問了這位二代，過程中是什麼打動了你？

他說顧問說了一句話：「你原本命沒有那麼苦，你比一些企業二代都算好命，沒有負債，沒有官司，沒有被併購或兄弟爭家產。都是你的個性，才讓你越來越苦！越來越沒有貴人！」

職場上不缺經常抱怨的人，人海中也不缺命不好的人，每個人都希望好命，否則廟宇不會如此興盛，每個人也都希望有伯樂，否則不會一間公司換過一間。但真的是一命、二運、三風水嗎？還是忘了後面的「四積陰德、五讀書、六名、七相、八敬神、九交貴人、十養生。」

在古老的易經智慧中，或許「命運」一出生就已經定了一半，但影響一個人的生命價值，還有做好事、留口德、努力學習、懂得做人的道理、建立良好的形象、選擇結交益友、正面思考、保健養生……不是嗎？我永遠記得一句話：「改名改姓，不如改個性。」

本篇學習重點

讓你不順的，不是沒有貴人運
而是整天負面才失去了貴人命

刻意練習

1. 列出身邊三位可能會提拔或幫助你的貴人。

公司的經理、當副總的大學同學、做老闆的乾媽

2. 這些貴人為什麼會想提拔或幫助你？

覺得我是青年才俊，也具備專業技能

3. 該如何讓這些貴人願意幫助你？

當他們有需要時，主動提出可以幫忙的地方

刻意練習

1. 列出身邊三位可能會提拔或幫助你的貴人。

2. 這些貴人為什麼會想提拔或幫助你？

3. 該如何讓這些貴人願意幫助你？

Chapter 1

人都是自卑症候群患者，只是有沒有承認而已

整理內在是否有自卑情結的五個問題

❶ 當遇到比你有錢的朋友時，你會自卑嗎？
❷ 當遇到顏值比你高的朋友時，你會自卑嗎？
❸ 當有自卑情緒產生時，你會逃避現況嗎？
❹ 你有意識到會因自卑而產生自負的表現嗎？
❺ 你會因為有自卑感，而更加努力提升自己嗎？

我老以為電影裡，當男主角與喜歡的女主角一起巧遇有錢朋友時，突然揪心離開，甚至放棄追求的情節，是為了戲劇張力而演出來的。

總覺得那種對方也沒怎樣，男主角內心就在那邊哈囉什麼的自卑感，是極度沒自信的人才會有的，而且女主角又沒嫌棄你的身家背景，幹嘛在那邊自怨自艾要自卑呀！

當一台鋼琴烤漆的深藍色 BMW 跑車急速停在我的車旁時，才體會到「殘酷的真實，總能輕易摧毀一個人的自信。」

跑車上的男子一下車，我立刻跟我喜歡的女生說：「我先走了。」

她立刻回我：「這是來接她妹的。」

但我還是撂下一句：「沒關係，你們一起走就好了。」

然後立刻催起了油門，加速搶了黃燈奔馳離去，炎熱的七月天，但心很涼，迎面的熱風頓時都成了寒風，因為我的車是一台近乎可以報廢的 125 摩托車，在

BMW 跑車旁，我看起來就是個「廢人」。

當下我只有一個念頭，就是「逃得越遠越好」，等回到了家，連訊息都不敢傳過去給她，心裡只有一個想法：「我是個窮學生，憑什麼跟這麼漂亮的女生在一起。」

這是我第一次感受到「自卑」是如何瞬間壓垮一個人的自信，從此之後我學會了兩件事：

第一是，如果有一天有幸功成名就了，對於周圍的人要盡可能謙虛。因為不知道何時你的言行，會刺到某人內心的自卑感。那種滋味我體會過，很不好受，如果當下無法離開現場，肯定是種煎熬。

第二是，要是有位演員剛好演了這種劇情，我可以判斷出他的演技如何，哈。

這兩年很紅的個體心理學派創始人阿德勒認為：「每個人一生下來就帶有不同程度的自卑感」，也認為人們很容易活在「自卑情結」裡。

現實生活中，阿德勒也是位「自卑症候群」患者，從小就體弱多病，還患有佝僂病，這種病會導致手腳關節腫脹變形，雙腳看起來像是嚴重的「O型腿」。胸骨和肋骨交接處會異常凸出，好似「雞胸」一樣，額頭還會向前突出，加上駝背或盆骨變形，看起來就像魔戒裡的「咕嚕」。

除了行動不便、無法跑跳外，這種外型讓阿德勒從小就覺得自己不如哥哥和其他人，便產生了嚴重的自卑感。阿德勒曾說過，童年生活籠罩著對死的恐懼和對自己的虛弱而感到的憤怒。

但這些童年的經歷及自卑感，也使他立志要做一位救人的醫生，為了克服自卑感，他努力向學，終於在1895年他成為維也納人學醫學博士，日後轉往精神病理學及心理學領域。

奉獻一生研究後，最終與弗洛伊德、榮格齊名，被譽為心理學三巨頭，他所創立的「個體心理學派」，強調早期記憶與社會因素對個體心理的影響性極大，部分也是起因童年的不幸經歷。

我沒有阿德勒那麼偉大，但我承認學生時期帶給我的「自卑感」，確實讓我在日後的工作態度上，起了很大的推動力，每件事都要求到極致，很多時候授課前一晚還一直調整投影片到半夜兩三點。

但我也看過一些自卑感較重的學員，工作了好幾年，總是畏畏縮縮，說話低聲無力，眼神總是透露出「我無法贏過別人」的神情。當然也有另一種，因自卑而產生表面的自負行為，表面上裝得很酷、話鋒尖銳、盛氣凌人，但事實上內心很脆弱。

每當我看到這類妄自菲薄的學員時，就看到了過去的自己，便會忍不住地多給些鼓勵，希望他們能多瞭解自己的特質，正視自卑的原因，接受自己的不足，發掘並磨練自己的長處，一步步將自卑感轉化為前進的動力。

本篇學習重點

自卑是一種與生俱來的動力
承認是一道開啟動力的勇氣

刻意練習

1. 紀錄一天當中抱怨及不高興的總次數。

總共四次

2. 寫出當中最強烈的狀況及情緒。

主管第三次將企劃書退回，我真的覺得主管很難搞

3. 試著轉換用正面的方式去重新解讀狀況。

應該是預算跟活動內容不符，再重新調整就好了

刻意練習

1. 紀錄一天當中抱怨及不高興的總次數。

2. 寫出當中最強烈抱怨及不滿的狀況及原因。

3. 試著轉換用正面的方式去重新解讀原因。

Chapter 1

搞不懂人際關係，最終成了邊緣人病原體

整理自己是否為邊緣人的五個問題

❶ 是不是大部分的時候只想做好自己的事就好？
❷ 有沒有一遇到團體活動就覺得很煩人？
❸ 是不是通常需要一段時間才能融入新的團體？
❹ 是否喜歡或甚至享受獨處的時間？
❺ 無法理解人際關係究竟對自己有何好處？

這輩子中，誰離開你時，你哭的最慘？

是至親家人？同窗好友？閨密知己？還是最愛的寵物？

曾經有朋友問我：「為什麼我爸那麼無情？跟著家裡快20年的狗狗過世了，爸爸卻一滴淚也沒流，還一派輕鬆的樣子，但我跟媽媽還有妹妹真的是哭慘了。」

我先推測的問了她：「你爸是不是很少跟狗狗互動和聊天？」

她點點頭說：「是呀，你怎麼知道？」

我再問她：「應該有參加過一些什麼大表舅、三姑媽、六叔公的喪禮吧，你哭了嗎？」

她說：「是難過了一點，但哭不出來。」

我又講了一個真實的故事，有個人參加了老丈人的喪禮，在一片肅靜哀淒又莊嚴的氣氛下，誦經、公祭、拈香等儀式完成後，最後便是瞻仰遺容，他經過時，看著老丈人慈祥的儀容，當下突然覺得自己沒有難過之情，眼眶也是乾乾如也。回座位途中，開始懷疑自己是不是無情之人，不過當偷偷觀察其他人時，便驚訝的發現，在場幾乎所有人都跟自己差不多，只有肅穆的表情，幾乎沒有人流眼淚，更沒有崩潰的嚎啕哭聲。

就納悶地想說，丈人會輪流住在不同的子女家，家裡面的人也跟他沒有衝突和嫌隙，不是遠距離，也不是關係差，為何離世時，家人都沒有傷心欲絕地淚流滿面？

後來仔細想想，推論可能是丈人長期「不與人互動」有關，他想起連孫子跑來要聊天或是抱抱，老丈人都會冷冷地把孩子推去給媽媽或爸爸，然後繼續看著他的電視。

餐桌上，這位老丈人也是吃完就去看電視，顯少跟家人互動聊天，也沒參加其他銀髮族社團活動，說起來這位老丈人性格上不算是孤僻，但他的行為總與家人拉開距離，也讓自己成為了「邊緣人病原體」。

「邊緣人病原體」不是說邊緣人是種病，或是這是種錯誤的人際關係表現，事實上，我曾經長達8年時間算是典型的「邊緣人病原體」帶原者。

會取「邊緣人病原體」這名稱，是因為我染上這症狀最嚴重的時期，就是在醫學生技研究所時，才知道病原體不易被消滅，而且抗性極強。

就像我當時一樣，整個醫學研究所裡熟悉的人不超過五個，聚餐、夜唱、派對，我幾乎不會出席，當然是因為沒有被邀請，我的人際關係算是很差，不是在研究室，就是在往研究室的路上。

我不喜歡跟人家互動，也不想跟研究室的人有任何太深的瓜葛，我的桌面總是乾乾淨淨，個人物品非常的少，反之其他人的桌面跟櫃子充滿了馬克杯、泡麵、抱枕、椅墊、牙刷、毛巾、相框等個人用具。

我總覺得我是研究所中的「異類」，每天只想趕快完成研究進度，然後回去睡覺，「不主動、不積極、不熱情」是我的最高指導原則。內心總覺得「人際關係」是一種「扮家家酒」的行為，不是專業人士該有的表現，所以我打從內心認為不需要「人際關係」。

但這樣的想法，讓我過得很不快樂，在實驗工作上，也是自己孤軍奮戰，當然結局就是一而再，再而三的失敗，甚至才剛進去兩個月就想要放棄這個看似前途光明的系所。

很多時候我發現人際關係不佳的人，並不是他們的交際手腕或是聊天功力有多差，而是內心有一種「靠這能吃嗎？」、「靠這能賺錢嗎？」的想法，一旦成為邊緣人病原體，還會極力抵抗健康的環境，讓自己越來越邊緣。

本篇學習重點

邊緣人不是病
但病起來難治癒

刻意練習

1. 寫出三項擁有良好人際關係的好處。

   有問題可以請教別人、開心聊天、不用一個人吃飯

2. 挑出一項你最認同的益處及其原因。

   能跟人開心聊天的感覺蠻好的

3. 想出一種最容易能與人互動的方式。

   主動先聊一下最近發生的新聞大事

刻意練習

1. 寫出三項擁有良好人際關係的好處。

2. 挑出一項你最認同的益處及其原因。

3. 想出一種最容易能與人互動的方式。

Chapter 1

每天滑臉書，沒兩下就成了自我懷疑對照組

整理自我激勵的五個問題

❶ 滑臉書時，你會感覺到比不上人家嗎？
❷ 在臉書上看到朋友獲得成就時，會真心祝福嗎？
❸ 不斷在臉書上看到他人成就時，會開始自我懷疑嗎？
❹ 朋友發的臉書內容，有時會讓你感覺在炫耀嗎？
❺ 看到臉書上朋友的成就時，你會激勵自我更加努力嗎？

臉書、IG及YouTube是目前台灣使用率最高的三個社群平台，2020年調查統計每天平均有一十億用戶登入，每天花費五十八分鐘左右在臉書上。坐車看臉書、吃飯看臉書、休息看臉書、無聊看臉書、睡前看臉書……，都已成為現代人生活的一部份。

不過捫心自問，看臉書真的會讓自己比較開心嗎？看臉書真的會讓自己過得比較好嗎？我曾看過一則臉書貼文，「臉書就是一個彼此互相傷害的地方！」我當下真的是覺得太有道理了，但也覺得自己也無意間掉入了臉書的陷阱。

我不是否認或拒絕臉書的益處，臉書之所以成為全球第一大社群平台，其成功是非常值得去探討的，我指的陷阱是，臉書會讓人無意間成了「自我懷疑對照組」。

那句「臉書就是一個彼此互相傷害的地方！」指的就是，當你滑臉書看到朋友去了北極看極光、瑞士滑雪、吃米其林三星餐廳、逛巴黎艾菲爾鐵塔、躺在杜拜的沙灘上、收到最新款的Gucci、剛入手的詹姆士龐德限量款OMEGA、簽了一台保時捷休旅車……，你會打從心底為他們高興？還是看著電腦，等著下班的憂鬱？

在底下按讚後，留言「好美」、「好讚」、「超羨慕」、「帶我走」……之後，留下的是朋友分享的喜悅？還是哀怨的嘆息著：「怎麼我沒有個有錢的老爸或老公？」

接著下班或放假時……

沒有去巴黎，起碼去個「八里」。

沒吃米其林，起碼也吃個夜市叫「士林」。

沒滑過雪，好歹去看個「冰雪2」。

沒買名牌包，加減也網購個「防偷包」。

無法開箱**IPhone11**，多少也可以開箱「HTC」。

去歐洲的不小心傷害了去東南亞的，去東南亞的再傷害了走國內景點的，玩國內線的最後傷害了待在家裡的。

買奢侈品的不小心傷害了買精品的，買精品的再傷害了買網購的，買網購的最後傷害了買菜市場的。

買限量款的不小心傷害了買進口車的，買進口車的再傷害了買國民車的，買國民車的最後傷害了買摩托車的。

生活、休閒及購物只是其一，工作上更是互相傷害的競技場，一會看到榮升處經理、一下看到員工旅遊去日本、一會又是恭賀簽約兩百萬成交、再一下又是年終領了四個月。

尤其在同類型領域，比較心態會更加強烈，同樣是藝人，看到別人演唱會場場爆滿，自己熬了那麼久卻還沒紅。同樣是 YouTuber，百萬級訂戶的影片隨便一支都是破百萬瀏覽，自己的訂閱數還不及人家一支影片的尾數。

事實上，連我自己也有一段時間陷入這種「比較心態」，講師圈跟演藝圈差不多，也是比知名度、課量、鐘點費，沒出書的羨慕出書的，出書的羨慕上暢銷排行榜的，上暢銷排行榜的羨慕已經出好幾本的。

第一本書出版後，我並沒有非常的高興，反而比沒出書時更有壓力，除了擔心銷量及排行榜外，更會成為其他講師類作者的「對照組」。

出版前一個月，每天上網看自己和假想敵的排行狀況，有時一天還會看好幾次，排行往前時，就焦慮少一點，但排行往後，就開始煩惱怎麼辦。這樣嚴重的對照比較心態，無意間讓我成了「自我懷疑對照組」，只要看到別人臉書的成就比我好，竟然會冒冷汗，覺得努力那麼久，卻還是一事無成懷疑自己是不是真的很平庸。

直到總編跟我說明每本書的生命週期和行銷模式後，我才慢慢釋懷，可我真心的說，這樣的我，並不快樂，難道這就是成功必須付出的代價嗎？我想「比較之心」人皆有之，而且有比較才會競爭，有競爭才有進步。

若有一天人類都沒了「比較心」，那相信文明再也不會進步，商業世界也是因為有了比較與競爭，才會不斷把經濟推向高峰。但健康的比較心理是跟過去的自己比，或是跟自己差不多的對象比，而不是老想「越級打怪」，那滑臉書不是激勵自己，而是懷疑自己。

本篇學習重點

滑臉書不是帶給你傷害
而是激勵你想辦法變厲害

刻意練習

1. 列出一項你一看到就不開心的臉書發文。

別人獲得升遷，或是年終領好幾個月

2. 問自己為何會因此不開心？

因為覺得自己已經那麼努力，但還是不被公司重視

3. 選擇視而不見，或是正面對決？

找前輩聊聊，看是不是自己的做事方式有問題

刻意練習

1. 列出一項你一看到就不開心的臉書發文。

2. 問自己為何會因此不開心？

3. 選擇視而不見，或是正面對決？

Chapter 1

取暖不是問題，是容易有同溫層病毒感染的問題

整理是否被同溫層病毒感染的五個問題

❶ 每次抱怨後，心裡都會有舒暢的感覺？
❷ 平均每週跟人抱怨的次數是多少？
❸ 是否曾經在臉書上的抱怨型社團發過文？
❹ 當別人抱怨時，無論對錯，都會支持對方嗎？
❺ 當與人彼此抱怨取暖時，會覺得時間過得特別快嗎？

今年是讓全球陷入一片慌亂的一年，一株微小到肉眼看不見的病毒，在短短兩個月席捲了全球。在此書定稿前，已造成全球超過五百萬人感染，三十三萬人死亡，它就是俗稱「新冠肺炎」的 COVID-19 新型冠狀病毒。

回到 2003 年，當時造成臺大及和平醫院封院的 SARS（嚴重急性呼吸道症候群）風暴，歷經 8 個月後，最終全球確診及死亡人數為 8,096 人及 774 人。

而在 2012 年，橫掃中東的 MERS 病毒（中東呼吸症候群），從第一例至 2020 年，八年期間全球確診感染及死亡人數約為 2,500 人及 860 人。從數據上來看，新冠肺炎讓全球聞之色變的程度大大超越了 SARS 與 MERS。

為何新冠肺炎如此可怕！主因不是致死率，因為平均致死率 7-15% 的 SARS，及 35-40% 的 MERS 都遠比 3-5% 的新冠肺炎還來得高，而且傳染途徑也屬於近距離的飛沫、接觸或空氣傳染。

新冠肺炎曾快速擴散的原因是「潛伏期」，SARS 的潛伏期平均為 2-14 天，最長十天。MERS 的潛伏期平均為二至十四天，但潛伏期病毒不具傳染危險。而新冠肺炎病毒的潛伏期平均為三至十四天，最長為二十四天。

這樣就可以瞭解新冠肺炎為何讓人懼怕，因為被感染者在潛伏期時是「沒有症狀的」，也就是說我們很容易會被「看起來健康的人」所感染，而且潛伏期越長，病毒就越容易擴散，就好像要騙你的人，臉上不會寫著「我是騙子」。

而「同溫層」就像是新冠肺炎病毒存在的環境，同溫層裡的人就像是「看起來健康的病毒帶原者」，通常待越久的人，傳染性越強，但就像潛伏期一樣，且永久不會發病，而新進入同溫層的人，便會快速的遭到感染，進而成為帶原者，再感染下一個健康的人。

同溫層病毒帶原者是如何感染一個健康的人？就是讓他們「取暖」，我不是否定或是排斥「取暖」。在心理學上，「取暖」可以成為遇到挫折時的避風港，人都是需要透過安慰、鼓勵與支持，來找到重新站起來的力量。

典型的同溫層就是臉書上的「靠北XX」類社團，在裡面貼一則抱怨文，底下就會有幾百則支持的留言，頓時間內心充滿了支持與關心，網友間的取暖，都給彼此帶來了短暫的「認同與關懷」。

一個朋友跟我說過，他在公司裡有一個叫「負仇者聯盟」的 LINE 群組，基本上每天就是抱怨老闆、抱怨主管、抱怨公司、抱怨客戶、抱怨同事，當一個人說老闆的無言政策，底下就會一連串的貼圖，並有人加碼抱怨腦殘客戶跟豬隊友般的同事。

有時用 LINE 打字還不過癮，中午或晚上聚餐時，再繼續大吐苦水，不只如此還有另一個專門用來抱怨老公、公婆、小孩、學校及生活瑣事的「婦仇者聯盟」LINE 群組，當然結束後，大家都感到舒爽無比。

一開始我朋友也感到很不錯，一有抱怨就會得到支持，但時間久了，真的覺得自己越來越負面，而且這群人在工作上也沒有特別的表現，到最後直接不看內容，等群組大約一千多個留言便直接刪除。

這種LINE類型的同溫層比臉書抱怨社團的「同溫層效應」更強，也越容易交叉感染。我可以理解抱怨時，那種抒發不滿的暢快感，也不反對這類型臉書社團或是LINE群組，給心理上帶來的益處。

想提醒的是，若「久留」在同溫層裡，很可能會從感染者轉化為「帶原者」，當一有不如己意的事情，就去貼文取暖，很容易會陷入一種「問題在別人身上」的盲點，而且也會不斷花時間去看底下的留言。

事實上取暖後，問題並不會得到解決，甚至有時更糟，因為同溫層會支持你被壓迫的感受，會安慰你，「對！臺灣都是慣老闆」、「真的！我的隊友比你的還豬」、「對呀！客戶一個比一個還智障」、「我也是這麼覺得，為什麼不叫妳老公來帶帶看」、「一定有鬼，男人就一定會偷吃！」

處在同溫層裡時間一久，心理上的依賴就會加重，加上所有人的支持，會讓你誤以為「自己是對的」、「自己沒有問題」，最後恐會演變成「只抱怨、不解決」的循環。

本篇學習重點

在抱怨中取暖不是問題
問題是取暖後還想抱怨

刻意練習

1. 說出最近一個月經常重覆抱怨的一件事。

   景氣不好，客戶一直無法成交

2. 試著問自己，這件事的核心問題是什麼？

   可能是自己的銷售技巧還是心態有問題

3. 試著想出這個問題的初步解決辦法。

   買一本 Top Sales 相關的書來看一下

刻意練習

1. 說出最近一個月經常重覆抱怨的一件事。

2. 試著問自己，這件事的核心問題是什麼？

3. 試著想出這個問題的初步解決辦法。

Chapter 2

整理人生
不要想先加分
先停止不扣分

It is not beauty that endears, it is love that makes us see beauty

—Tolstoy

人並不是因為美麗才讓人喜歡，而是讓人喜歡才顯得美麗。

—托爾斯泰 俄國文學家

Chapter 2

什麼事是你可以做的又好又開心？

整理現在工作是否開心的五個問題

❶ 現在的工作，對你來說痛苦指數有多高？
❷ 工作中哪個部分，是你覺得做的好但不開心的？
❸ 哪一件工作，是你做起來比一般人容易上手的？
❹ 工作中哪件事情，是你做起來很容易忘記時間的存在？
❺ 什麼類型的工作，會讓你很有衝勁地去克服困難？

每次去大學演講完「職涯規劃」後，幾乎都會有五、六位學生來找我問一件事，就是「老師，我適合念這個系嗎？」、「我繼續念研究所，好嗎？」、「我要不要轉系？」其中有一些學生的人格特質測驗結果，跟本人的樣子「落差」較大。

遇到這類學生，通常我都會先問兩句話：「你真的喜歡嗎？」還有「你真的開心嗎？」印象中有好幾次，女學生聽到這兩句話，就開始眼眶泛紅，甚至有些痛苦指數飆高的同學，會當場滴下眼淚，讓人好不心疼。

在企業內訓課程時也是一樣，只是換成「老師，我適合繼續做嗎？」、「我轉換跑道，好嗎？」其實問題的本質是一樣的，只是問法不同而已，都是「我到底適合做甚麼好？」

這問題不是只有念書的學生、職場新鮮人的大哉問，連已經待了十年、二十年的資深同仁一樣會問，只是職場老手都已經待了二十年了，他們內心是問：「問這問題有意義嗎？」、「會有答案嗎？」、「別傻了，工作就賺錢而已，哪有什麼適不適合！」

但有一天你問問那些已經是課長、經理的主管們，「這個工作是你最想做的嗎？」大可看看他們的表情、聽聽他們的口氣、感受他們的神情。保證有八成的人，不會是神采飛揚的表情，或是堅定熱情的回應，而是低頭長嘆一口氣。

再問下去：「如果重來一次，你還會選這條路嗎？」或許會看到扭曲眉毛和鄙視你的眼神。現實的殘酷不是環境阻擋了自己的路，而是人總容易自我催眠是環境阻擋了自己的路。

我有一位髮型設計師學員，手藝相當厲害，而且都是客人指名找她，最後跟三個不同地方的設計師一起開店。令我不可思議的是，店在屏東，但收費卻是台北的高價位。

好奇問起她的經歷，原來她是半路才踏進美髮業，以前念的是商科，成績亂七八糟，畢業後一直做著各種文書助理的工作。因為好朋友在美髮業，就想說試試看，但要成為能上線服務客人的美髮設計師，她必須先做兩年比目前薪水還低的洗頭助理。

若要成為優秀且客人多到可以自立門戶的設計師平均至少要十年，事實上，更多是超過十年經歷的設計師，多半還在領薪水的階段，但她只用了七年的時間便可以與人開店，而且店面還越搬越大間。

我看過很多領域的優秀人士，發現做得好是「基本」，但要成為「頂尖」，多半還需要「喜歡」。我指得喜歡，不是只是「有興趣」而已，而是「熱愛」這件事，當你熱愛一件事情時，遇到困難，就不太會有痛苦的情緒，痛苦少了，自然就容易，也願意多花心思堅持下去。

我等待時，看著她熱情的跟顧客討論髮型，邊聊天邊俐落地揮舞著不同的剪髮工具，從第一秒到最後，總是掛著洋溢的笑容，將客人送離門口，目送後轉身往我這來，招牌的笑容伴隨著熱切的招呼聲：「蔡老師，換你囉！」

短短的半小時，便知道她的成功不是偶然，我問她：「你們這行那麼累，客人又那麼難搞，你開心嗎？」她笑著說：「客人還好啦，我開心，客人就開心，客人開心，我就開心。」就手起刀落地幫我剪了個潮男的髮型。

「做得好」不難，只要花時間及用心就好，但「做得開心」就不是人人可以享受的工作環境，因為工作要做到開心真的很不容易，除非真實地面對自己的喜好，而不是環境給你的限制。

本篇學習重點

開心的工作不是一種幻想
是一種面對內心喜好的理想

刻意練習

1. 列出工作中，最痛苦及最開心的事情。

   最痛苦：跟客戶提案；最開心：做提案簡報

2. 覺得這兩件事對你而言所顯示的弱項及專長。

   最痛苦：談判能力不好；最開心：簡報呈現客戶都覺得好看

3. 想一下如何淡化痛苦及強化開心的辦法。

   淡化痛苦：學習談判技巧；強化痛苦：提出調美術設計的要求

刻意練習

1. 說出最近一個月經常重覆抱怨的一件事。

2. 覺得這兩件事所顯示的弱項及專長。

3. 想一下如何淡化痛苦及強化開心的辦法。

Chapter 2

情緒可以用力發洩，但不能慣性發洩

整理是否有慣性發洩的五個問題

❶ 你會時常覺得事情不如己意嗎？

❷ 當事情不順利時，你多半會想發洩情緒嗎？

❸ 每當發洩完後，你會冷靜下來並面對問題嗎？

❹ 你經常認為自己的負能量大過正能量嗎？

❺ 有人指出你的缺點時，你通常會虛心接受嗎？

近五年相當流行「正能量」，從正能量語錄到散發陽光的歌曲，從正能量節目到鼓舞人心的電影，幾乎什麼事情搭上正能量後，就容易被接受及傳播，好像整個社會都籠罩在焦慮、沮喪、了無生氣的陰霾裡。

我雙手贊成，人是需要正能量的灌溉，但凡事都用正能量去思考及面對，就怕哪天成了粉飾太平的一種口號，正能量可以幫助我們在低潮時，獲得一些力量與精神上的支持，但不應該只是一種心靈雞湯的包裝。

我經常發現有些人不斷看著正能量的文章，臉書發著正能量的語錄，可是卻沒有想辦法讓自己脫離低潮，或是解決眼前的困境。

就看過一位在LINE群組上三天兩頭發正能量貼圖及文章的媽媽，這位媽媽平時一切都還好，但話題只要討論到公婆、老公、小孩，這媽媽就開始抱怨，語帶暗示地指責老公、公婆的問題，還有小孩不受管教的麻煩。

群裡的朋友好心給予意見，希望她能多少檢視一下自我，這位媽媽就瞬間變成情緒不穩的刺蝟。不斷說著自己有多辛苦，說自己面對多少的壓力和難處，但老公和公婆完全沒有站在她的立場想，連小孩也來搗亂，越來越不聽話。

還說小孩思想怪異，但在其他人眼中，她的孩子在繪畫方面應該具有創意的潛力，建議她可以給孩子發揮的空間，而不是限制創意。

原本 LINE 群友從支持到安慰，從安慰到擦出火藥味，到最後這位媽媽索性留了一些情緒的話，說大家無法體會到她的苦，都在一旁說著風涼話般的道理，最後直接退群，留下傻眼的大家。

這不是第一次這位媽媽情緒失控，之前已有三、四次類似的狀況，只是最後雙方都把情緒控制下來。而這次爆發的退群風波，我並不覺得太意外，因為最近創業群 LINE 裡的一位點心師傅也有相同的狀況。

點心師傅先是在群組上發文說，賣耳溫槍的群友不守承諾、坐地起價，一直警告大家不要相信對方，還試圖引導大家要一起撻伐對方，情緒相當不穩定，發文總是夾雜「不要跟我543，換誰來都一樣！」、「晃點我或是棄單，我一樣都是不客氣回應」、「我就是不給人刁啦！」等情緒字眼。

眼見氣氛不佳，幾位群友老闆出來打圓場後，這位點心師傅不但沒有和緩，反而跟這些人意見不合起了衝突，還說：「我就是要抱著一起死，證明不是我的錯！」還順勢酸了整群的人說：「各位老闆們，真的都能確定自己眼光都那麼準確嗎？都不會失手看走眼吃悶虧？」、「只能說局外人總是都覺得自己是對的」，最後竟然留下國罵後，退了群。

人生不如意十之八九，我經常贊成除了補充正能量外，也要來點負能量，讓自己發洩一下情緒，像是去「抱怨公社」、「靠北XX」之類的臉書社團去發文，也可以跟好友們一起痛罵對方，其實用力罵過後，反而可以慢慢地冷靜去面對問題。

在課程執行上，我也是會對一些事情不滿意，像是播放音樂、影片等行政事務出錯時，以前就會忍不住在課堂上發脾氣，雖然當下自己覺得有忍住，但在旁人眼中，我就是個負能量即將失控的人。

直到有一天，有學員說我應該很兇時，我才意識到，上課不滿的情緒已經是「慣性發洩」了。人在不滿時，會透過發洩情緒，讓心情恢復穩定及理性，但慣性發洩只顯示，自己是個無法控制負能量的人，即使身旁再多優秀並想幫你的人，也會默默的離去。

本篇學習重點

適當的負能量讓人慢慢冷靜
超載的負能量讓人離你而去

刻意練習

1. 寫出最近三個月你大發飆的一件事。

部屬已經第三次沒把價錢即時更新，結果被顧客投訴

2. 試著想出一個有效舒緩情緒的辦法。

下次不會先氣沖沖就直接去找部屬溝通

3. 情緒和緩後，接下來你會怎麼做？

會先問部屬是不是有什麼困難才導致問題重覆發生

刻意練習

1. 寫出最近三個月你大發飆的一件事。

2. 試著想出一個有效舒緩情緒的辦法。

3. 情緒和緩後，接下來你會怎麼做？

Chapter 2

當天賦被搬走，自卑就成了麻痺

整理天賦是否被搬走的五個問題

❶ 你知道自己最擅長的三件事情嗎？
❷ 你都透過哪種方法了解自己的特長？
❸ 哪些事情你很容易就贏過他人呢？
❹ 當有人稱讚你某方面很厲害時，會認為那是天賦嗎？
❺ 是不是總是有無法發揮自我的鬱悶感？

「誰搬走了我的乳酪」算是史上最暢銷的寓言經典之一，作者Spencer Johnson於1998年出版，被翻譯成三十七種語言，全球銷量超過兩千六百萬本，甚至長踞《紐約時報》暢銷書排行榜，長達五年之久。

整本書在講述兩隻小老鼠和兩個小矮人在一個迷宮找尋乳酪的故事。兩隻小老鼠花了一番力氣終於找到了C區的乳酪，那裡的乳酪又多又美味，而同時間兩個小矮人也花了好大的功夫找到了這裡。

兩隻小老鼠和兩個小矮人都很心滿意足的享受著當下的成果，但不同的是兩隻小老鼠逐漸感覺到乳酪正慢慢地消失，直到有一天兩隻小老鼠先抵達了C區，果真發現乳酪已經完全消失殆盡。

他們一陣討論後，便立刻動身離開往迷宮深處去尋找新的乳酪，而悠悠自若晚到的兩個小矮人到了C區後，頓時兩個小矮人才發現乳酪竟然不見了！一個矮人大叫：「到底發生什麼事！誰搬走了我的乳酪！？」

兩個小矮人的情緒激動到像是被詐騙集團騙走一生積蓄一樣，憤怒的用盡一切惡毒的話去詛咒搬走乳酪的人。冷靜過後，一位小矮人勸說：「不如我們離開這裡，繼續去尋找新的乳酪。」

不同於兩隻小老鼠，一個小矮人堅持不離開，覺得有一天搬走乳酪的人會再搬回來，而且自己也老了，不想每天在迷宮裡費力的找新的乳酪。而另一個小矮人則因為不想離開對方，便被說服而留了下來。

但時間並沒有給兩個小矮人帶來好消息，終於提議離開的小矮人決定一個人離開去找新的乳酪，最終帶著勇氣的小矮人在迷宮的深處找到了比C區更多更美味的乳酪，而同時兩隻小老鼠早就在那裡享受著美味的乳酪人生。

故事講到這邊，應該大家都會覺得留下的小矮人怎麼會那麼笨？那麼固執？不是只要起身往迷宮走，就可以找到最終的乳酪聖地了嗎？也有人會笑小矮人，在那邊乾等，乳酪也不會變回來呀！乳酪都被搬走了，怎麼可能還給你！生氣也不會改變乳酪被搬走的事實啊！

故事聽起來總是簡單，如果換我問你：「念到大三了，成績不差，但總不是自己喜歡的，你會轉系嗎？」、「相同工作做了五年，績效不差，但總不能發揮自身長處，你會離職嗎？」、「都加倍努力了，還是拼不過別人，你會轉換跑道嗎？」

有人一定會說，可是人有現實考量啊！總是要賺錢養家，要有穩定的收入，還要符合家人的期待，而且轉換跑道，有很大的風險，要是不成功不就慘了，那之前的累積不就要歸零，況且從頭來會非常辛苦，而且也不確定一定會成功，不是嗎？

沒錯，故事裡的「迷宮」就是小矮人口中的「可是」、「要是」、「況且」、「也不確定」，人生的迷宮比故事裡的迷宮要難得多了，時間和機會成本總像賭局中的籌碼一樣，總覺自己會輸多贏少。當抉擇換到自己身上時，我們是不是會變成了那個「等待乳酪變回來的小矮人。」

天賦的英文叫 Gift，也就是禮物的意思，是上天賜給每個人的一份禮物，但這份禮物就像乳酪一樣，小時候可以天馬行空的發揮我們天份，表演、繪畫、音樂、舞蹈、表達、邏輯、語言、運動、算數，但隨著年紀的增長，我們的天賦開始被漸漸的搬走，眼前只剩下成績及薪水。

當我們比較的東西只剩下成績及薪水時，那自卑是一定會出現的，因為成功的定義只剩下誰的分數比較高，誰的薪水比較高，誰做的官比較大，誰的事業比較有成就。

在社會價值的洪流中，一群人的自卑就成了合理的麻痺，最後就用「一人一款命」來催眠自己。

紐約州立大學戴耘教授與教育心理學家 Joseph Renzulli 共同提出了「雪花論」。表示每個人的天賦就像雪花一樣，每一片都是獨一無二，無論是形狀和結構都不一樣，但大多數人都在做相似的工作，卻不擅長的事。如果知道更棒的乳酪在迷宮深處時，你願意離開C區冒險追尋嗎？

本篇學習重點

搬走的不是乳酪
搬走的是不敢正視天賦的勇氣

刻意練習

1. 找出三件自己與周圍的人都肯定的專長。

繪圖、設計、邏輯

2. 這些專長曾經幫助你完成哪件重大的事情？

贏過國際品牌設計師並獲得一份長達三年的合約

3. 設想如何運用這些專長去挑戰一件更難的事情。

先參加國內競賽，再參加全球競賽

刻意練習

1. 找出三件自己與周圍的人都肯定的專長。

2. 這些專長曾經幫助你完成哪件重大的事情？

3. 設想如何運用這些專長去挑戰一件更難的事情。

Chapter 2

人際關係不是會聊天，而是為人著想先

整理你真實人際關係的五個問題

❶ 當你發現人際關係不佳時，內心會焦慮嗎？

❷ 你是不願意跟人互動，還是不知道該怎麼互動？

❸ 自己分內跟團隊的工作，你的優先次序是哪一個？

❹ 你願意多幫同事做一點可以負擔的工作嗎？

❺ 主管在 LINE 上提問時，你會花點時間幫忙回答嗎？

人生第一本書《DISC 識人溝通學》問世後，上了幾個廣播節目，其中在中廣流行網被范可欽問到一個讓我印象深刻的問題，「通常出這類人際關係或職場溝通書的作者，多半是對人有興趣，喜歡觀察人，或是很容易跟人互動，那你小時候，是不是也對人有興趣？」

我的回答是「完全沒有。」大學時期我算是蠻自閉的，全班五十幾個，認識不到十位同學，班聚、唱歌、聚餐，連畢業旅行都沒參加，更正確的說法，應該是「沒被邀請」，大學時期是一個社團也沒參加，一個女友也沒交過的阿宅。

到了念研究所時，人際關係依然不好，一起上課及做研究的兩屆同學約七十幾位，但連同教授熟悉的也不超過十個，唯一想到有參加的活動是「迎新」。之後班上活動幾乎也沒參加過，連續兩次跨年，我都是在實驗室做到晚上十一點才回宿舍度過的，我常笑稱：「我不是在實驗室，就是在實驗室的路上。」

不僅讓范可欽感到有些意外，還有每次聽我聊起這段往事的學員也都覺得不可思議，很難想像在講台上可以泰然自若面對幾百人的我，竟然曾經是一個不愛與人互動，也不懂人際關係的人。

我歸納人際關係不佳有三種類型，分別是「沒有意願型」、「有意願沒方法型」、「有意願方法不對型」。當時我是屬於第二型，不知道該怎麼跟人互動，還買了一些聊天的書籍，努力學習如何開口跟人家聊天，但很奇怪總是感覺「不對盤」、「卡卡的」，而且對方也好像想快點結束話題。

坦白說，後來我也不知道是怎麼扭轉自己的人際關係，有段時間還以為是有了講師頭銜，自帶主角光環，人家就願意跟我聊天，直到一次跟同事聊起這個議題，才發現我的人際關係問題是如何改善的。

同事的前同事，姑且就叫他小k，算是英俊小生型的男生，乾乾淨淨而且語文能力也相當好。剛進辦公室時，人緣很不錯，親切的招呼、爽朗的笑容，總是很能跟不同的人聊起天來，所以很快就跟大家打成一片。

直到一天不少人開始對他有了微詞，同部門的人說：「那次專案，超傻眼，前兩次線上會議竟然放鳥」。接著另一部門的人也說：「我那個專案也是，有個翻譯部分他該處理，結果拖到最後一天才交，沒時間再校正，害我們被客戶說那個翻譯部份有不少瑕疵。」

最後一個人補了致命的一槍：「你們不知道他私下竟然跟我說，團隊工作是他最後才會處理的，他會優先處理個人工作。」光是數落這個小k的種種，七嘴八舌的，就可以講一個早上。

最後呢？不出半年，願意主動跟小k搭話的人是寥寥無幾，就只剩下那些還沒受過傷的新鮮人，可以跟他談笑風生，但總是很快就會與他保持距離，甚至他藉機想聊天，跟大家熱絡一下，在場的人也會不約而同的默默離開。

小k的工作能力不差，上司也算看好他，工作上也沒出過大毛病，但在執行跨部專案時，他的做事觀念就讓人覺得擔憂，雖然被分配到的工作沒有偷懶，但過程中的態度，讓很多人看清了他的為人。

一年後在一個沒有歡送餐會的情況下，小k離職了，沒有慰留、沒有祝福。我猜想他的內心應該是不平衡的，會認為自己的人際關係手腕不錯，怎麼會落到這般的窘境，或許他會給自己一個「公司文化不適合我」的解讀。

人際關係真的不是只要會聊天，更重要的是你的「為人」，你願不願意先為他人著想？你願不願意先捲起袖子做事？團隊分工或跨部門工作時，你願不願意多做一點事情？在LINE群上，你願不願意先回應主管的訊息？或是提出關鍵問題的人？

職場上很多人際關係好的經理人或老闆，真的不是口若懸河、八面玲瓏的聊天大師，把酒言歡的多是些場面來、場面去的點頭之交。真正人際關係好的人，會默默的為他人著想，去想怎麼幫忙同事，怎麼解決團隊的問題，怎麼為他人多做一點，怎麼幫主管分擔一點，而不是低頭的自掃門前雪。

本篇學習重點

聊天套交情的是表面關係
願意為人做才叫人際關係

刻意練習

1. 如果 10 是最佳，你會給自己的人際關係打幾分？

6 分

2. 為什麼是這個分數？

因為其實我不太知道如何跟別人開心的聊天

3. 想出一種最簡單可以提升 / 改善上述原因的方式。

觀察那些很會聊天的人，通常都聊些什麼話題

刻意練習

1. 如果 10 是最佳，你會給自己的人際關係打幾分？

2. 為什麼是這個分數？

3. 想出一種最簡單可以提升 / 改善上述原因的方式。

Chapter 2

多看好書，不要常看臉書

整理是否具有社群成癮症的五個問題

❶ 會在意自己社群媒體的朋友數量比別人少嗎？
❷ 會經常查詢自己發文的按讚及留言數嗎？
❸ 上傳圖文時，會花時間修圖及調整圖文編排嗎？
❹ 到了旅遊景點或美食上桌時，第一時間會拍照打卡嗎？
❺ 當貼文的按讚及留言數不如預期時，會感到不開心嗎？

每週手機都會有一則訊息提醒我，上週平均每天花了多少小時在手機上，看過最長的時間是三個半小時，當時我覺得怎麼可能！每天工作都忙得不可開交了，況且手遊也完全刪除，怎麼還有那麼多時間在滑手機。

進系統查了一下，發現 LINE 占最多時間，平均每天 2 個多小時，再來就是臉書，平均是一個多小時，其他的都是三、五分鐘左右。回想之前在臉書上每天平均的時間都在十五分鐘左右，怎麼現在多了一個小時？

原來當時起床及睡前，都會習慣打開臉書滑一下，一開始是幫助自己清醒及入眠，但有時一滑就會忘了時間，甚至有時還抓著手機睡著。你說臉書好看嗎？我會說：「真的沒那麼好看」，多半是給朋友按讚、留言，感覺自己有在跟朋友保持關係而已。

我不能說，滑臉書是在浪費時間，或這是無意義的事情，幫助甦醒或入眠、維繫人際關係、尋求幫助、獲得知識及最新消息等，都是臉書對人們的益處，而且整天工作下來，滑個臉書放鬆一下，對身心也是好的。

然而回算一下，我們在這些零碎時間的累積中，究竟獲得了多少價值？當時除了起床及睡前外，工作過程中，我都會無意的打開臉書看一下，回一下留言，看一下自己的發文，看一下別人的貼文，感覺上看五分鐘還應該沒關係，但經常一回神就是二十分鐘，有時還超過半小時。

直到手機螢幕顯示的提醒，才回神自己似乎花了太多時間在臉書上面，後來便研究了一下這種現象叫「臉書成癮症」。不只臉書，現在年輕人更喜歡使用IG，心理學家及社會學家統稱這類現象叫「社群成癮症」。

我們周圍都會有一、兩位這類的朋友，大家開心的一起出去玩，拍照留念是再正常不過的事情，但自第一個景點開始，你會發現有成癮症的人，除了上傳照片到FB或IG，還會時不時的拿手機出來看，有時露出滿足的笑容，有時卻皺起眉頭，因為回應的讚數及留言不如預期。

症狀更強烈的人在玩到第三個景點時，還在編輯第一個景點的照片及文字，甚至還聽過在上傳照片前，要先傳給幾個姐妹淘評選，看哪張最好，再上傳到FB

或IG，無論景點或美食，成癮症的人似乎更在意螢幕上的按讚數，而不是眼前朋友的感受。

但這也不能完全怪這些有成癮症的人，因為大腦是容易受到這種「獎勵機制」所影響。加拿大一百位最有權力的女性之一的Bailey Parnell在TED演講中提到，這是種「社交貨幣」的概念，每一則貼文的按讚數、留言，就像賺到的金錢一樣，讓我們感受到自己的價值，數量越多，價值就越高。

這也是社群媒體為何能在短短十年成為全球百大品牌，比起過去的傳統企業，社群媒體企業崛起的速度是過去的十倍以上，因為這是人的天性，每個人都喜歡受到獎勵及避免懲罰，而貼文下的留言及讚數，就自然成了被社群媒體制約的獎勵機制。

看了好幾篇研究後，我開始清醒了過來，原來自己算是輕症的成癮症患者，當時最在乎的是，每週在經濟部中小企業處創業專欄的按讚數，每篇少說都是三小時的血汗，但按讚數簡直就是不忍直視，平均不到十個，留言數幾乎是0，讓我當時非常的焦慮，也會時不時的打開臉書。

但意外的是，只要花個幾分鐘，貼上不太用大腦思考的生活趣事或新鮮事，讚數就容易近百，實在讓我百思不得其解，雖然到現在還是一樣的狀況，但當瞭解社群媒體的運作及大腦神經的獎勵機制後，就不再那麼焦慮的在意那些數字，因為社交貨幣不代表你真實的人生價值。

古今中外，成就不凡的人都深知閱讀的威力，閱讀不是死讀書，而是透過他人匯聚的智慧來解決問題，像是微軟的比爾蓋茲是標準的「書蟲」，平均一年要讀五十本書。

而且比爾蓋茲認為，海量的閱讀將容易幫助吸收，而且越討厭的書，越要花時間做筆記。大成就都是從小累積而來的，少看點臉書，多看點好書，有一天你感受到一本三百元的書，是多麼的便宜。

本篇學習重點

多看臉書，不會讓你增值
沒有讀書，肯定讓你貶值

刻意練習

1. 上網找一下今年最想看的 3 本書。

   82 年生的金智英、被討厭的勇氣、小說課之王

2. 再挑出第一本想讀的書，並說明原因。

   82 年生的金智英：因為覺得電影蠻好看的

3. 想像一下這本書可能讓你有哪些收穫？

   儘量不要讓自己陷入像女主角一樣的困境中

刻意練習

1. 上網找一下今年最想看的 3 本書。

2. 再挑出第一本想讀的書，並說明原因。

3. 想像一下這本書可能讓你有哪些收穫？

面對痛一陣子，逃避痛一輩子

整理面對自我缺點的五個問題

❶當你被指正缺點時，會虛心接受嗎？
❷當發現自己個性有問題時，會自我反省嗎？
❸工作際遇不好，會覺得是自己本身的問題嗎？
❹上課時，聽到類似自己的缺點時，會調整修正嗎？
❺被人指出相同的缺點時，會覺得是在攻擊你嗎？

多數的學員知道我的專長是講授DISC人格特質，這是一門探討自我與他人性格與行為模式的課程，我將其運用在溝通談判、領導統御、業務銷售、客訴處境、簡報技巧、人際關係、跨部協調、團隊建立及青少年營隊等主題上。

有趣的是，無論上哪種主題，都會遇到幾個類似的問題，「怎麼改變自己猶豫不決的個性？」、「怎麼改變對方暴躁的脾氣？」、「有沒有可能把沒有自信的人，改變成果決的領導者？」、「我這樣子龜毛挑剔的個性，有沒有需要改變？」

這類問題的本質，總結就是「一個人的個性及人格特質到底能不能改變？」在舉出一些科學家、教育學家的研究之前，先講兩個真實故事。

有個男人性格乖僻，想法很負面，不愛與人打交道，也不愛參加社交活動，對接觸到的人都豎起一道防線，除了朋友很少之外，也沒有知己和女友。除工作表現不佳外，每次會議報告都展現他奇差無比的口條。

且只要超過三個人以上的會議報告，都是緊盯著投影片，然後「照稿念」，因緊張而結巴的樣子，讓臺下的主管及同仁都聽得痛不欲生。他的報告，九成都要重新報告，無論再怎麼努力，他依舊是單位裡的「末班生」。

另一位充滿自信的女士就不一樣了，個性積極又主動，快速行動是她信奉的教條，對待客戶永遠都那麼的熱情與自在，她擅長溝通與說服，從助理做到店經理，巔峰時期還掌管北台灣近二十間連鎖店，之後轉戰的公司多是副總經理級以上的職務。

我描述的狀況是這兩人十年前的樣子，猜猜看十年後的現在，這兩人的境遇和個性是維持不變？越來越好，還是越來越差？

聽過我演講的人，多會猜到第一個男人就是我本人，所以學員和認識超過十年的朋友都會好奇問我，「是怎麼改變的？」怎麼能從結結巴巴，變成可以在五、六百人面前侃侃而談的樣子？

在回答之前，再看一下那位女士的現況，因為市場環境不好，加上利益糾紛她帶著幾個部下離開了連鎖企業，先後進了三間公司。第一間公司的J老闆雖然不喜歡她，但因為她的業務能力不錯，所以沒找到更好的人選前，只能先維持原狀，但J老闆實在不喜歡她強勢的管理及業務風格。

但第一間公司的績效遲遲沒有很大的進步，所以被整併後，她迎來第二位老闆，這位S老闆不是省油的燈，一下就看出她的業務手段和管理上的問題，雖然沒有降職，但薪資及權力都重新調整，不到半年內，她氣憤的留下一句，「公司沒有我一定越做越差」，便離職了。

到了第三間新創公司，她運用一貫的手法，讓T老闆覺得找到了可以信任的人才，並把公司大權交給她來處理，不到五月，公司虧損超過獲利，讓T老闆公司負債過高，還差點倒閉，自然她也離開了第三間公司。

這三間公司完全沒有因為她的離開而經營不善，反而是越做越好，J老闆把公司賣給了S老闆，S老闆把公司做成跨國企業，而T老闆也重新站起來，成了業界的後起之星。而且業界有接觸過這位女士的人，幾乎是負評多過正評，因為她的個性、為人及經營手法是二十年如一日。

故事說到這，我要講的是我跟這位女士，都上了DISC的課程，甚至她上過的課比我還多。差別在，在課程中我開始「面對」自己的個性問題，每次當講到類似問題時，就會反思「我真的有這種問題」、「我需要調整一下」、「我這樣真的不好。」

但她的想法是「那又不是在講我！」、「我才不會這樣！」、「那是別人才有的問題！」顯而易見的，我一點一滴的在改變個性上的問題，而她是「反擊」這些課堂上的內容，最後成了只聽「自己想聽」的內容，因為面對自己個性上的問題肯定是痛苦的。

坦白說，面對自己的缺點一定會「不舒服」，因為人都不喜歡被批評和指責缺點，不然怎麼會有「忠言一定逆耳」這句話。我前後花了三年時間去「面對」自己的問題，才慢慢建立自信走上講臺。

實際上我個性並沒有大變，只是觀念變了，態度變了，自己願意變了而已。個性不用大改，只要願意先面對自己的缺點，痛過一陣子，那優點就自然來了，要是越逃避，就越怪罪世界對你的不公，痛苦也就越多。

本篇學習重點

要改變的不是個性
而是不想承認問題的自己

刻意練習

1. 寫出自己一直想改進的一個缺點。

沒耐性，容易粗心大意

2. 想像一下，改善後對自己會有哪些益處？

主管應該會覺得我做事比較穩定

3. 想一個最容易執行的改善方法。

寫完報告時，耐心地檢查一到兩遍

刻意練習

1. 寫出自己一直想改進的一個缺點。

2. 想像一下，改善後對自己會有哪些益處？

3. 想一個最容易執行的改善方法。

Chapter 3

整出成功的線索，理出失敗的枷鎖

This is the evening sun, we regard it as the dawn light.
—Hugo

這是黃昏的太陽，我們卻把它當成了黎明的曙光
—雨果 法國文學家

Chapter 3

成功的自然法則就是斷捨離

整理你無法斷捨離的五個問題

❶ 丟棄物品時，會想著它還有多少剩餘價值？

❷ 整理物品時，會很容易勾起你過去的回憶？

❸ 丟棄可能還有用的物品時，會有捨不得的感覺？

❹ 離職後時，還會想起跟同事間的美好回憶？

❺ 轉換跑道時，會覺得之前的努力都白費掉了？

前一篇我們談到個性能否改變？看過超過萬人的 DISC 人格特質測驗後，真的可以印證一句話：「性格決定命運。」可同樣類似的人格特質，就一定可以成功，或註定失敗嗎？

這問題不只我個人，包括許多全球的心理、商管及社會學家都希望能瞭解成功的軌跡，並懂得如何「複製」成功。我奉為 DISC 人格特質聖經的《人有14種性格，你有哪種優勢？》這本著作就是花了十五年的時間，鑽研性格與成功的關聯性。

這本 DISC 人格特質聖經從科學研究角度出發，每當上課講述這段研究歷史時，難免覺得有些艱澀，直到「斷捨離」這個熱搜詞成為話題時，我才覺得用這個角度可以更清楚的去詮釋如何透過瞭解性格，找到屬於自己的成功模式。

第一次接觸到「斷捨離」是看了某個節目，來賓說自己以前衣服堆到快到天花板，每天出門都要花半個小時挑選衣服才能出門，不僅如此，鞋子、背包、皮帶、手錶、領帶及很多生活物品，都占滿了他的三個房間。

一天他下定決心要追求「極簡」生活後，開始整理並將不需要的東西捐贈出去。一年過後，他的外出衣褲控制在二十件以內，現場的明星、觀眾及在螢幕前的我都覺得很不可思議，但鏡頭下那乾淨舒爽的簡約生活環境，一下子就打動了我。

當晚回到家後立刻打開所有衣櫥及衣櫃，一陣翻動後，半小時過去，我幾乎沒「斷捨離」半件衣服，每拿一件就覺得「這件可以在冬天穿」、「那件可以留家裡穿」、「這件一次都還沒穿」。

當下我才體會到「斷捨離」最難的是「斷」，發現捨不得清掉的衣服，並不是有回憶或有紀念性，而是我「小氣」的個性，總覺得每件衣服都有機會被穿到，要是清掉就太浪費了。

但我想起了整理師常講的原則之一，「這件衣服你多久穿一次？」、「如果一年穿不到兩三次，那這件衣服只會越穿越少次」。仔細思考後，真的發現跟整理師說的一樣，30％的衣服是一年穿不到五次，三成的衣服是只穿過五次，甚至有兩成的衣服是新的，有些標籤還在，但衣服已經開始泛黃。

接著我痛下決心，想著「它們應該要有更好的歸屬」，然後花了三個多小時，清掉了大概五十件衣物，我的衣櫥及衣櫃終於有「呼吸到空氣」的感覺。今年大掃除除了再次清掉四十來件衣褲、外套及襪子外，重點更擺在辦公室。

辦公室裡也是一天比一天狹小，舊的不清，新的一直來，總覺得有些東西，日後一定可以派上用場，這樣也可以替公司省錢。但再次冷靜的想起整理師的話「整理空間前，先整理心」，最後清出了近十箱的雜物，因為同事都說我是「資源回收老人」。

家裡及辦公室的空間變大了，也整潔多了，每天出門不用再花很多時間想要穿什麼衣服，還有每看到一件東西，又想著這可以留下來做什麼用，因為真正有價值的東西不是有形的金銀珠寶，或是無形的權力名聲，而是「時間」。

這次的「斷捨離」讓我更深刻的體會到「極簡」的力量，談到極簡就想起開啟我不同人生的第一本書，《8020個人革命》。這是一本經典的老書，出版超過二十四年，已賣出超過一百萬冊。

最早80/20原則的概念是義大利經濟學家Vilfredo Pareto在洛桑大學所發現。在他的《政治經濟學》中觀察到義大利約有80％的土地由20％的人口所有、80％的經濟由20％的人口掌握、80％的豌豆產量來自20％的植株。他發現很多社會、經濟及自然現象並非以50/50平衡的比例所出現，而是不平衡的80/20，也被稱為關鍵少數法則、八二法則。

後來將80/20法則發揚光大的英國企業策略顧問Richard Koch，把此原則套用在個人職涯發展上，並創立了自己顧問公司及出了經典的暢銷管理書籍，書中很多觀念至今都深深地影響我，像是「專注定律：少即是多」、「善用8020槓桿，以少創多」、「會贏，是因為選對了比賽項目」、「80％的科學家、藝術家、企業家的成就，是努力做著不擅長的工作，還是運用自己的天賦？」

我幾乎可以大膽的說，「斷捨離」就是「人生執行版」的80/20法則，在生活中，大多數人用80％的時間，產出20％的價值，花著大把的時間，做著自己不擅長又不熱愛的事情，而各領域傑出的成功人士，只不過是捨棄自己不擅長及不熱愛的事而已。

非常感謝臺灣整理師第一人何安蒔，及中國整理師第一人韓藝恩兩位老師，讓我瞭解到「斷捨離」的精髓，並在認識交流後才發現，原來我們三個人在職涯上都遵循了自然法則。

韓藝恩原本在人人稱羨的上海前三大法務公司上班，何安蒔則是經歷了三十六份工作卻找不到成就與快樂，但最後卻在眾人不看好的整理行業中，走出自己的一片天。

本篇學習重點

斷、是丟掉錯誤方向的執著
捨、是願捨得曾付出的努力
離、是離開不擅長的舒適地

筆記

Chapter 3

瞭解進化論，就能掌握成功基因

整理你成功與失敗基因比例的五個問題

❶ 認為自己的優點多，還是缺點多？

❷ 能具體說出自己的優點及缺點嗎？

❸ 指出你類似的問題時，你會願意修正自己嗎？

❹ 同樣的問題，你會一錯再錯嗎？

❺ 別人給你建議時，你會靜下來耐心傾聽嗎？

瞭解 80/20 法則，可以讓我們瞭解捨棄自己不擅長，並選擇天生優勢的重要，而清楚「進化論」則可以進一步找出自身的天生潛能，並盡量革除一些性格帶來的阻礙。

無論哪個世代或是國家的人，都會希望擁有更好的生活，而「功成名就」便是最顯而易見的標準。不是要鼓吹那種要相信自己，突破自我框架，或是投資自己，學習有錢人的思維，或慷慨激昂的那種「成功學」。

而是從大家所熟知的「馬斯洛需求理論」簡單的講起，馬斯洛教授是美國社會心理學家、人格理論家和比較心理學家，是人本主義心理學的主要發起者，為心理學第三勢力的先驅。

念過商學院的人應該還記憶猶新，人力資源及組織管理中都會提到的「需求金字塔」，也就是馬斯洛教授在 1943 年著作《人類動機的理論》一書裡，所提到的人類五大需求，分別為生理需求、安全需求、社會需求、尊重需求和自我實現需求，並從低層次推向高層次。

雖然需求金字塔有從低到高的滿足傾向，但多年諮詢到許多職場人的痛苦與不適應的情況來看，每個人對需求渴望的排序不盡然相同，但「先求有，再求好」的原則，是大多數人的做法，就好比在職場裡通常要先求穩定的薪水（生理及安全的需求），再講求職場的升遷（社會及尊重需求），最後將職業成志業（自我實現需求）。

當我看過職場不順遂的員工及身價千百萬的經理人及企業家後，觀察到一件事情，就是從「有到好，好到更好，更好到頂尖」的關鍵之一，就是「能否認清自我問題並修正」。你可以去觀察，越來越成功的人會不斷修正自己的問題，而整天拒絕自己問題的人，職場發展肯定不好。

但自己的問題要怎麼知道，除了被人指點及批評外，如果可以「先知先覺」，在還沒被批評之前，就先自我調整，那不是更好，在還沒加分之前，先讓自己不扣分，主管和公司怎麼會不重用你呢？

我講授的 DISC 人格特質系列課程中，讓學員感到最「悲喜交加」的一堂課，叫做「DISC成功失敗基因」。事實上，這種概念，兩百年前達爾文《進化論》的「物競天擇，適者生存」早已提出來，只是職場不用犧牲生命去證明演化的路徑，但不適者淘汰確是最真實的職場叢林法則。

在自然界中，當成功基因越顯現時，那存活及繁衍後代的機率就越大。舉個我常對追求老是失敗人說的比喻，「為什麼對方沒有選擇你？」就是你個人的成功基因沒有表現出來，但失敗基因卻表現得很明顯，所以對方會認為你的條件不好，導致沒有興趣而沒接受你。

外在可見的基因表現包括「身高、體態、顏值、穿著、工作、薪水、身份、地位……，一些有形的項目。」如果你的成功基因特別顯著，像是「身高一米七五、外表乾淨整潔、略帶吳尊的眼神及金城武的輪廓、手帶Omega、穿著Burberry西裝、開著特斯拉、有著全球百大企業經理的職務」，那對方肯定會追著你跑。

但如果你是個「身高不滿一米六、體重九十公斤、蓬頭垢面、眼鏡看起來霧茫茫、留著要長不短的鬍渣、手戴著像夜市買的錶、穿著領口鬆垮的T-shirt、騎著十年的機車、做著小公司的小職員」，那真的很抱歉，對方見到你的第一眼可能就想逃跑了。

我知道有人會說我這樣是「外貿協會」、「物質主義」。說不定這樣的人，有一顆善良的心，是個孝順的人，他之所以不常梳洗，沒有打扮，沒錢買奢侈品，都是因為花時間在照顧重病的家人。

我同意有這種狀況，我也遇過相同狀況的人，「善良、孝順、沒心機、勤儉、專情、努力、甘願吃虧、熱心助人、不爭功諉過」，這些都是「內在」成功基因，只是「外在」的失敗基因表現得太多，以至於對方在還沒感受到內在成功基因的好，就會在第一時間遠離。

從DISC人格特質的角度來看，每個人的成功及失敗基因都不盡相同，就好像每個人的臉型、膚色、牙齒、眼睛、嘴唇都不太一樣，但可以歸納像是Angelababy的眼睛、宋慧喬的嘴型、周子瑜的鼻子、潤娥的鵝蛋臉、林志玲的身材，可以算是外在成功基因之一。

而周杰倫的才華、劉德華的謙卑、吳彥祖的孝順、周潤發的專情、劉在錫的體貼……，就是內在成功基因。相反的，自傲、不長進、固執、自私、壞脾氣、小心眼、魯莽、不負責任、懶惰、猶豫不決、消極被動……，這些就是內在失敗基因，職場及人生能否順利，其實只是比「誰成功基因多，誰失敗基因少」而已。

本篇學習重點

預先修正的是先知先覺
錯中改善的是後知後覺
死不認錯的是不知不覺

筆記

Chapter 3

覺醒你的天賦角色

整理是否清楚自我天賦的五個問題

❶ 你是不是覺得自己算是個平凡的普通人？

❷ 有人讚揚你某方面有天分時，是否都一笑置之？

❸ 曾經試著透過一些方式瞭解自己的天賦嗎？

❹ 有辦法在三十秒內說出自己最擅長的三件事嗎？

❺ 發現自己有某種天分時，有盡力去發揮過嗎？

影響一個人成功與失敗的特質都不一樣，也難以具體指出哪件事情是不小心做錯，哪件事是因為個性所造成的慣性問題。人都不喜歡被指著鼻子說，你的個性要改！你的問題都一樣！這樣只會讓人更不想面對自己的缺點。

但若透過「DISC人格特質測驗」便可以用客觀及科學的角度來審視一個人在性格上的優劣勢，並由中立的統計數據報告，讓自己瞭解到有哪些「可能」的缺點及問題。

於此我們可先進行DISC人格特質測驗，並簡單解析DISC四型的工作特質及行為模式，好瞭解自身在工作上的類型，以便在下幾個章節更清楚自身的成功失敗基因。（此書測驗為基礎工作版，與第一本書的基礎綜合版不同，若想獲得更多測驗訊息，可掃描P120的QR code或進入https://test.4core.training）

另外，關於DISC人格特質的詳細介紹，可以參考我的第一本著作《DISC識人溝通學》的第二章科學研究篇，或進入心諮文創官方網站，便可瞭解全球超過五千萬人及全球百大企業都採用的DISC人格特質測驗的準確度及公信力。

接下來就請你找個安靜的地方，讓自己沉澱一下心情，來體驗一下DISC人格特質測驗的奧妙之處。測驗時請注意下列事項。

❶在安靜不受干擾的環境下作答。
❷依照個人最真實的狀況直覺作答。
❸儘量於六分鐘內完成作答。
❹每題以單選方式作答。
❺統計每題之選項個數。
❻依照選項比例瞭解自己的DISC強度傾向。

舉例：選項A共計2個、選項B共計6個、選項C共計1個、選項D共計1個的結果，可依照P109統計表格來呈現，以方便了解自己的DISC性格特質傾向。

	選項 A	選項 B	選項 C	選項 D
個數	2	6	1	1
代表	D 型	I 型	S 型	C 型

DISC 人格特質《基礎工作版》測驗

❶工作時，同事通常覺得你是個怎樣的人？

A. 直話直說，自信不輸人。

B. 活潑有趣，歡樂有朝氣。

C. 親切溫和，好人沒話說。

D. 穩重理智，專業有深度。

❷工作時，你希望他人如何與你溝通？

A. 直接講重點，不要拐彎抹角。

B. 輕鬆愉快，不要一板一眼。

C. 明確的指示，不要只講大方向。

D. 條理分明，說明原因及目的。

❸ **工作時，哪種行為表現最像你？**

A. 目標導向，勇敢面對眼前挑戰。
B. 常跟同事互動融洽並擅於表達。
C. 盡量配合團隊，默默的工作。
D. 謹守本分，注意細節及品質。

❹ **工作時，你最常被肯定的優點是？**

A. 態度認真，有大將之風。
B. 幽默風趣，是大家的開心果。
C. 善良體貼，是一個好相處的人。
D. 擅於分析，能解決複雜的問題。

❺ **工作中，你的表達方式最像哪一種？**

A. 擁有信心且有力量。
B. 輕鬆有趣談笑風生。
C. 溫和有禮且輕聲細語。
D. 思慮清晰且言之有物。

❻ **工作時，自己比較容易發生的狀況是？**

A. 想快速完成，容易沒有耐性。
B. 想氣氛歡樂，容易缺乏細心。
C. 想支持他人，容易沒有主見。
D. 想按照流程，容易缺乏彈性。

❼工作時，你最常被主管認同的優點是？

A. 主動又積極的努力態度。

B. 熱情有活力的友好態度。

C. 埋頭苦幹的負責態度。

D. 理性講邏輯的專業態度。

❽工作時，自己最常出現的狀況是？

A. 求好心切，不小心與人產生摩擦。

B. 希望創新，不小心疏忽輕重緩急。

C. 過度配合，不小心經常逆來順受。

D. 要求完美，不小心雞蛋裡挑骨頭。

❾工作中遇到選擇時，你最常怎樣做出決定？

A. 經驗加直覺，快刀斬亂麻。

B. 問問他人，看是否跟自己所想一樣。

C. 詢問並採納他人意見及想法。

D. 蒐集資訊及證據，做為決策依據。

❿工作中面對極大壓力時，你通常的反應是？

A. 壓力越大，越激發鬥志及抗壓力。

B. 先做輕鬆開心的事，讓自己紓壓。

C. 內心默默承受，越想壓力越大。

D. 獨自承受，並思考壓力問題來源。

美國 DISC 人格特質《工作版》測驗解析

當選項❶較多時

你在工作上的人格特質比較偏向：D型/Dominance/支配型，動物行為學上歸類為獅子、老虎、老鷹、鯊魚。

・高D傾向超級英雄

雷神索爾、綠巨人浩克、黑寡婦、黃蜂女、水行俠、金鋼狼、黑豹、猛毒……

・工作人格特質解析

在工作上你是個很有行動力的人，確定好目標後，就會雷厲風行地去執行，不喜歡拖拖拉拉，工作時容易盯緊他人盡快把工作完成，希望能快速有效率的完成事情，不過同仁對你的評價可能會是毀譽參半。

另外，你也是個勇於接受挑戰的人，越是艱難的工作，就越能激發你的鬥志及企圖心，善加發揮你最有自信的強項，設定遠大的目標，找到對的工作環境，並修正太過強勢的態度，會讓你的能力及職場發展越來越順利！

•性格及特徵優勢

聰明、反應快速、行動力強、主動性高、行事果決、目標導向、充滿自信、意志堅定、掌控能力佳、具領導能力、企圖心強、會自我要求、有膽識、勇於冒險、強烈好勝心、具競爭心、原創性強、具獨特性、有生意頭腦、抗壓力強……等。

•性格及特徵劣勢

沒有耐性、性格剛烈、霸道專橫、掌控欲強、急躁衝動、思慮不周全、易怒脾氣差、以自我為中心、缺乏同理心、偏執、好鬥心強、直接無理、獨斷獨行、自私自利。

•典型成功人物

賈伯斯、孫正義、馬雲、郭台銘、詹姆斯•卡梅隆、歐普拉、小勞勃道尼、王偉忠、張惠妹……等。

●適合工作類型：

企業家、專案經理人、業務主管、軍警人員、職業球員、影視製作人、極限運動選手、探險人員。

當選項❷較多時

你在工作上的人格特質比較偏向：I型／Influence／影響型，動物行為學上歸類為海豚、鸚鵡、孔雀、獼猴。

●高－傾向超級英雄

鋼鐵人、蜘蛛人、閃電俠、死侍、星爵、蟻人、快銀……等。

●工作人格特質解析

在工作上你是一個人見人愛的好同事，很多同仁都很喜歡跟你閒聊，甚至下班後是大家最好的玩伴，只要是聚餐、活動、旅遊一定要有你場子才會high，但你的好人緣，容易引起別人的閒言閒語跟嫉妒，所以若被暗箭中傷也不要覺得意外。

另外，你天生具有豐富的表達力，說話絕對不會讓人感到無聊，也很能激勵鼓舞人心，然而要注意自身常會有天馬行空的創意，一不小心就容易搞錯重點或方向，若是可以修正，會使你在職場上成為更有魅力的人！

- **性格及特徵優勢**

性格活潑、開朗大方、具好奇心、熱情有朝氣、表達能力強、幽默風趣、反應靈敏、人際關係佳、具舞台魅力、創意點子多、天生樂觀、正向積極、情感豐富、口才好、擅長激勵他人、感染力強、溝通能力佳……等。

- **性格及特徵劣勢**

行事毛燥、粗心大意、缺乏毅力、誇張虛假、慣性說謊、記憶力差、缺乏責任感、放蕩不羈、自律性差、愛狡辯、慣性拖延、容易情緒化、貪心、抗壓性低、逃避問題……等。

• **典型 I 型成功人物**

史蒂芬・史匹柏、金凱瑞、人艾倫・狄珍妮、豆豆先生、PewDiePie、喬・吉拉德、戴勝益、潤娥、吳宗憲……等。

• **適合工作類型**

公關、活動主持人、藝人、演員、歌手、YouTuber、記者、導遊、客服人員、直播主、各類銷售人員。

當選項❸較多時

你在工作上的人格特質比較偏向：S型／Steady／穩定型，動物行為學上歸類為無尾熊、樹獺、水豚、海馬。

• **高S傾向超級英雄**

美國隊長、班納博士、樹人葛魯特、緋紅女巫……等。

•工作人格特質解析

在工作上你是一個相當配合的人，對待同事就像綿羊一樣的溫和客氣，但是你常是退讓或忍氣吞聲的那個人，你不喜歡衝突，也不擅長跟人討價還價，或是據理力爭，只是當你的忍耐已經超過臨界點時，還是會突然爆發開來。

另外，你天生具有願意支持團隊的特質，經常扮演著默默支持的角色，不給其他人製造麻煩，然而要注意自身常會委屈求全，不小心就容易逆來順受，若是可以稍為調整，會讓你成為在職場上被重視的中堅支柱。

•性格及特徵優勢

親切和善、平和近人、穩健踏實、有耐心耐性、善良有愛心、和平不喜競爭、行事低調、配合度高、容易相處、忍耐力強、適應力高、脾氣好、有良心、生性節儉，容易滿足、忠誠忠心、中規中矩、犧牲奉獻……等。

•性格及特質劣勢

動作緩慢、自我意識薄弱、慣性受迫、固執不願改變、過度保守、不敢冒險、隱瞞問題……

・典型S型人物

達賴喇嘛、德蕾莎修女、曼德拉、阿德勒、薩提爾、李安、許文龍、證嚴法師、陳時中……等。

・適合工作類型

公務員、幼教老師、秘書、行政人員、社會工作者、客服人員、護理人員、心理諮商師。

當選項❹較多時

你在工作上的人格特質比較偏向：C型（Caution）謹慎型，動物行為學上歸類為貓頭鷹、貓、蛇。

・高C傾向超級英雄

超人、神力女超人、蝙蝠俠、鷹眼、奇異博士、奧創幻視、鋼鐵人……等。

• 工作人格特質解析

在工作上你是一個非常小心、仔細、謹慎的人，任何的小錯誤或是小疏失都逃不出你的法眼，而且你會把工作的優先次序先排好，然後一件一件的完成，會讓同事覺得你是個可靠的人。

另外，你天生具有完美主義的特質，對於工作的標準總是比其他人高，因此總讓人感到安心及可靠，是職場中容易被倚重的角色，然而要注意自身常會有過度苛求的心態，不小心會讓人覺得挑剔，若是可以稍加調整，會讓你在職場上更容易事半功倍。

• 性格及特質優勢

理性冷靜、情緒穩定、謹慎小心、謹言慎行、言行一致、自律性佳、條理分明、責任感強、分析力佳、講求公平、正義感強、實務導向、理解能力強、注重精確、要求完美、自動自發、邏輯力強、擅於規劃……等。

• 性格及特質劣勢

態度冷淡、人際關係薄弱、城府深密、缺乏彈性、自我偏見、愛批評、疑心病重、鑽牛角尖、容易悲觀、自我邊緣化、言詞犀利……等。

• 典型成功人物

華倫•巴菲特、比爾蓋茲、張忠謀、柯文哲、謝震武、謝哲青、白崇亮……等。

• 適合工作類型

產品控管、學術研究、稽核、雜誌編輯、美編設計、醫師、程式設計師、會計、精算師、律師、各類工程師。

DISC 測驗 QRCODE

本篇學習重點

天賦不是形容詞，而是助動詞
天分不是被動式，而是進行式

筆記

Chapter 3

D型人的自信與自大

D 型
Dominance
支配型

整理D型人成功與失敗基因的五個問題

❶ 你經常寧為雞首，不為牛後嗎？

❷ 你願意接受同仁或主管給你的良心建議嗎？

❸ 遇到機會時，你會離開舒適圈去挑戰嗎？

❹ 當很多人否定你時，你會更想證明自己嗎？

❺ 不斷失敗時，你會堅持己見直到成功為止嗎？

一位電子代工廠的老闆娘是典型的D型人，前二十年，台灣電子業正蓬勃發展時，公司賺了不少錢，出門也是賓士代步，房子少說也三、四間，每年出國旅遊個兩、三趟都是常有的事。

這位老闆娘精明幹練，做事明快果決，工廠裡外大小事都在她的掌控之中，沒有難不倒她的事情，甚至能力強到老公都沒法處理的事情，她都能出面解決，可以說是商場上的女強人，甚至到後期，她老公都不用管理公司，三天兩頭跟朋友喝酒、釣魚就好。

她還四處上課，累積花下來的錢早已超過百萬，但把學到的知識與經驗帶回公司後，所賺的錢早已超過所繳的學費。不僅如此，還出錢出力幫助弱勢兒童接受更好的教育與餐食，對於當時還沒出社會的我來說，是一位令人敬佩的企業楷模。

D型人在職場上的成功基因包括：

一、快速解決問題的能力

二、主動積極的行動力

三、帶領眾人的領導能力

四、敢於冒險的挑戰精神

五、永不放棄的意志力

看過上萬份DISC人格特質測驗的結論告訴我，有七成的管理職，包括主管、總監、經理人、督導、店長、老闆、導演……，都具有高度D型特質，畢竟這些職位都具備了許多的D型成功基因。

像是典型的D型成功人物包括蘋果教主賈伯斯、日本首富孫正義、阿里巴巴之父馬雲、鴻海帝國的郭台銘、全球最賣座導演詹姆斯•卡梅隆、脫口秀天后歐普拉、鋼鐵人小勞勃道尼、電視教父王偉忠、樂壇天后張惠妹……，在各領域頂尖中的頂尖人物，幾乎都可以看到D型人的身影。

若你是高D型傾向的人，但至今在職場上已經過了五年，卻還沒有接手管理職的工作，可以自我檢視一下，上述五項D型人的成功基因，是不是還沒有發揮出來，或者是不是因為失敗基因太過突顯，壓過了你的成功基因。

D型人在職場上的失敗基因包括：

一、直言不諱的批評他人
二、急躁魯莽耐不住性子
三、強勢獨斷的領導作風
四、過度自信而忽視風險控管
五、聽不進建言的固執

D型人的成功基因讓他們成就許多目標及夢想，但為何更多的D型人在職場上鬱鬱寡歡，得不到主管及公司的認可。剛提到的那位老闆娘，因為個性強勢，所以經常與老闆起衝突，導致公司的管理成了雙頭馬車，老闆希望人性化管理，但老闆娘認為太過人性化，會導致懶散及績效低落。

短時間確實因為強勢的作風讓公司提升績效，也賺了不少錢，但卻沒有把盈利分給辛苦的員工，超時加班、苛扣福利，年終獎金一年比一年要少，但公司卻一年比一年還要賺錢。

不過檯面下員工流動率很高，優秀的中階主管及人才也都待不久，在經歷2008年金融海嘯後，電子業紅利每年大幅下降，公司離開的人更多、也更快。而且老闆也不太想管公司的事，因為老闆娘的控制慾，幾乎霸占了整間公司，甚至連兩個孩子都不想留在公司上班。

在苦撐了十年後，公司宣布破產，她也跟老公離了婚，兩個孩子一個去中國，一個去澳洲發展，為的就是希望能聚少離多，不要跟媽媽的關係搞的那麼緊張，但其實擊倒她的不是金融海嘯，而是她的控制慾，以及聽不進人言的偏執。

聽聞她之後相繼交往了兩位男士，一位是在論及婚嫁前分手，另一位是結了婚，但又再一次離了婚，感覺好像商場女強人婚姻就一定不幸福的鐵則是很難打破，其實不是難打破，而是不小心把經營事業的D型個性帶回家裡，然後用企業

「管理」的方式去照顧家人，才會讓大家把女強人變成是一種標籤。

工廠生意下滑後，家人跟她反應要轉型，而朋友介紹的顧問也建議要調整管理風格及薪資結構，但只要對方的建議不是她認同的，就會立刻拒絕，甚至認為過去的成功是因為自己的做法是對的，所以任何的建議在她耳裡，不過就是一陣「耳邊風」。

她孩子都說：「要是媽媽能多聽進一點建議，現在也不會落到這樣的下場」。正所謂「成也蕭何，敗也蕭何。」D型人的自信與自負就是一把雙面刃。

本篇學習重點

D型人職場良言
想要有貴人，先成為聽得進建言的人

筆記

Chapter 3

I型人的熱情與悲情

I型
Influence
影響型

整理I型人成功與失敗基因的五個問題

❶ 大多數的同事或主管覺得你熱情有活力嗎？
❷ 工作犯錯時，第一時間你會勇於承認嗎？
❸ 你會常希望工作過程或成果是有創意的嗎？
❹ 你能接受同仁或主管對你的指正嗎？
❺ 工作時，你會先規劃及分析，再動手做事嗎？

一位補習班老闆曾經有一位I型的特助，跟在身旁有十二年，從最早的打雜小弟，做到公司有三十幾人的總經理特助。人很熱情，接待貴賓都能讓對方感覺到賓至如歸，公司最早的前三年幾乎有一半的學生都是他招進來的，所以老闆對他甚是重用。

而且他耐磨耐操，幾乎使命必達，有好幾次要離職，但老闆都不斷給他加薪，甚至外面挖角的執行長都已經換了三個，他在公司的地位依然屹立不搖，雖然職務上不高，但就等同部隊裡的一等士官長一樣，很多事情新進主管還要去請教他。

不僅做事勤快，帶動氣氛也是一流，只要他一上台，底下的學生就很high，學生口耳相傳，加上師資陣容堅強，讓補習班生意越做越好。他還想出夏令營的創意點子，幫補習班招攬學生，是一位不可多得的特助。

I型人在職場上的成功基因包括：

一、影響他人溝通能力

二、帶動氣氛的舞台魅力
三、天馬行空的創意力
四、八面玲瓏的人際關係
五、願意嘗試的好奇心

在我上過課的產業中，有幾種職業的I型人特別的多，包括公關、活動主持人、藝人、YouTuber、記者、導遊、客服、業務……，都是具有高度I型成功基因的人才。

像是典型的I型成功人物包括好萊塢的鬼才導演史蒂芬・史匹柏、喜劇之王金凱瑞、艾美獎脫口秀主持人艾倫・狄珍妮、英國喜劇大師豆豆先生、全球首位破億YouTuber的PewDiePie、全球最偉大的銷售員喬・吉拉德、大韓國民女神潤娥、綜藝天王吳宗憲，在這類領域中的頂尖人物，幾乎可以看到I型人的身影。

所以若你是高I型傾向的人，但至今在職場上已經過了五年，卻還沒被主管或是公司看出你的創意或魅力，可以檢視一下，上述五項I型人的成功基因，是還沒發揮出來，還是被太多失敗基因所掩蓋了。

I型人在職場上的失敗基因包括：

一、愛八卦的道人長短
二、常三分鐘熱度或虎頭蛇尾
三、不切實際的樂觀幻想
四、對事情不嚴謹的粗心大意
五、不願面對糾正的逃避心態

I型人的成功基因能造就舞台上的巨星及經典的創作，但為何更多的I型人在職場上有志難伸，得不到主管及公司的贊同呢？剛提到的特助，雖然勤勞且熱心，但在工作上經常挖東牆補西牆。不時在上課前，手忙腳亂的整理教具，看起來是很認真，但經常被老闆念說：「可不可以盡早準備，不要老是到前一秒還在整理啊。」

也因為工作方式比較隨性，所以經常東漏西漏，準備課程教具及設備時，不先列一張清單，而只靠著記憶和經驗，因此時常被其他老師抱怨，說他很認真，但可不可以做事有條理一點？

這麼多年過去了，這位特助不但沒有聽取這些提醒，修正做事的方式，還會在當他人正要提醒他的時候，先開口說：「好，老師，我知道，下次我會注意，不過現在先解決眼前的問題」，但同樣的小問題卻老是重複發生，雖然不會造成公司的大影響，不過老闆及其他老師都看在眼裡，是標準的「勇於認錯，之後再說，但不改過。」

另外，他喜歡被讚美及認同，但對工作上的糾正，都是選擇用笑來帶過，也會有一種「我都已經那麼努力了，為什麼還要挑剔我！」的負面心態，久而久之，他只想聽好聽話，不想被糾正或是批評。

也正因為這種心態，老闆都不敢把重要的工作交給他做，而最令老闆頭疼的是，他的工作觀念及思維模式還會「傳承」給新進的員工，讓新進的員工犯以前他犯過的錯。

而且只要一出錯就會把責任默默任推給新進員工，所以同仁對他的評價是很「矛盾」。因為他人很好，經常會關心大家，待人接物又熱情活潑，也不是個強勢的人，但他的工作模式，經常會給團隊造成像無頭蒼蠅般亂飛亂撞的困擾。

最後他還是悲情的只以特助的身分離開了公司，老闆覺得很可惜，也常講：「要是他能願意接受糾正與提醒，前途一定不只這樣」，而熱情與隨性對I型人來說，就像是「水可載舟，亦可覆舟。」

本篇學習重點

I型人職場良言
想要有貴人，先成為能被糾正的人

筆記

Chapter 3

S型人的同理與同情

S 型
Steady
穩定型

整理S型人成功與失敗基因的五個問題

❶ 就算工作艱困，你依然會盡力配合團隊嗎？
❷ 對於別人的請求，你是否都難以拒絕？
❸ 當別人出錯時，你會平靜地原諒他人嗎？
❹ 你能同理並感受到他人的辛苦與壓力嗎？
❺ 遇到衝突時，你多半會選擇自己默默承擔嗎？

一位S型的金融業處經理，為人溫和又客氣，客戶多半跟著她一、二十年，約五年前，底下的區經理、襄理、主任及專員有百來位，算是中區的一個大單位。

但特別的是，她的風格跟其他百分之九十處經理人不相同，因為金融圈競爭對手多，且涉及大筆的資金，因此處經理級以上的主管多屬於精明幹練、思路敏捷並充滿著強大氣場的頂尖人才。但是這位S型處經理反而是一位好媽媽的形象，對客戶總是服務優先，也很能為客戶著想，所以多半都是攜家帶眷的成為她的客戶。

雖然她並非是雷厲風行、績效衝第一的主管，當上處經理的時間也比一般平均時間要多了三、四年，但她的部屬定著率都不算差，底下也是猛將如雲，一位區經理還從全省一萬多名業務員中奪得年度業績總冠軍，而且單位裡的業務員在每次的競賽中，也都有六成的達標水平。

這都是因為她不是那種作風強勢，整天只會盯業績的主管，反而是多給獎勵、支持與陪伴，重視團隊和諧，讓業務員能在龐大的壓力下堅持下去，若你的主管是S型的，我常打趣地說：「應該是上輩子有燒好香。」

S型人在職場上的成功基因包括：

一、尊重他人的親和力

二、不容易出錯的穩定度

三、願意包容錯誤的心胸

四、體貼他人的同理心

五、重視團隊精神的配合度

在我遇過的學員裡，有幾種職業的S型特質的人會佔比例高一些，像是公務人員、幼教老師、行政人員、社會工作者、客服人員、護理人員、心理諮商，都是具有高度S型成功基因的人才。

像是典型的S型知名人物包括諾貝爾和平獎的達賴喇嘛、聖人德蕾莎修女、南非國父曼德拉、個體心理學派創始人阿德勒、美國家族諮商大師薩提爾、全球百大影響力人物證嚴法師、抗疫功臣衛福部長陳時中，通常在NPO及NGO組織中比較容易看見S型人的身影。但其實在許多領域也能看到成功的典範，只是他們的作風通常比較不會引人注目，例如奧斯卡金獎導演李安、奇美電子創辦人許文龍。

高傾向S型人個性上低調、習慣隱身人群之中，也不愛在舞台及眾人面前嶄露頭角，加上對於財富與成就的追求慾望也較低，因此在短期的職場生涯中，不容易看見S型人的出色表現。

但S型人是典型的「大器晚成型」，多半要需要五至十年才會慢慢被肯定，屬於曖曖內含光的行事風格，不過若可以多發揮上述五項S型人的成功基因，勢必能加速在職場上的發展。

S型人在職場上的失敗基因包括：

一、缺乏自信及勇氣

二、保守不敢冒險與挑戰
三、無法拒絕的濫好人
四、做事容易猶豫不決
五、害怕衝突而逃避問題

剛提到的S型處經理，雖然對待客戶及部屬都是關懷與包容，但也因為人太好，導致管理上的一些問題。起初部屬對S型處經理都頗為尊重，但時間久了之後，沒有距離又好說話的S型處經理，就讓一些主觀意識較強的中層經理有機可乘。

幾個比較強勢的中階經理在辦活動時，就會偏袒自己單位的人，造成分工及資源不均的狀況，接著就會造成不同部門的摩擦與對立，當然各部門也會請S型處經理出來主持公道。

但這位處經理不願意得罪業績較好的強勢經理，也不願意讓衝突擴大，所以就「苦都自己扛」，扮演「搓湯圓」的和事佬，乍看之下每次的衝突能被慢慢化解，但實際上只是粉飾太平而已，因為領導方針不是「公平、公正、公開」，而是「討好每個人」。

這樣好人的故事結局並不美好，單位分裂成三大派系，其中最大的派系因為業績最好，便依公司制度離開並成立新的營業單位，而剩下一半的人在經歷了三年的摩擦中，人數再減一半，最後人數及業績淪為中區最小的單位，令人不勝唏噓。

三年前我就跟這位處經理說一句重話，「慈母多敗兒」，優秀的領導者一定有褒有貶，希望能點醒她。但一個人的缺點終究是不容易自己面對的，而一體兩面的包容與放縱，也是S型人最甜蜜，也最沉重的負荷。

本篇學習重點

S 型人職場良言
想要有貴人，先成為能勇敢開口的人

筆記

Chapter 3

C型人的執著與執念

C 型人
caution
謹慎型

整理C型人成功與失敗基因的五個問題

❶ 工作上你很容易看清一個問題的主因嗎？
❷ 主管通常都蠻放心的把事情交給你處理嗎？
❸ 你容易因為說真話，而得罪別人嗎？
❹ 你會不斷追求更好更完美的品質嗎？
❺ 當涉及到你的專業時，你會容易讓步嗎？

整合行銷公司是個快速又壓力大的產業，當你又是公司最倚重，且手上同時有一個國際啤酒品牌、一個國內銀行及連鎖餐飲的專案經理時，可想而知，你在公司的地位應該不只是個過客。

他是我一位很優秀的學生，年僅二十七歲，最初僅是以資深專案的身分進入公司，但兩個月內就成三個專案的主要負責人，三個月已經是直接跟總經理及總監開會的專案經理，升遷速度之快，不是因為公司很小，而是C型人的工作能力本來就是高水平的表現。

重點是，他竟然大學念的是機械系，在完全沒碰過社群行銷的狀況下，短短五個月手上已有五百萬預算的社群專案在執行，而且還游刃有餘。不過他卻向總經理提出辭呈，總經理前後慰留了三次，也加薪三次，最後看他難以動搖，就提出了希望他再留一個月做交接及傳承，直接本薪再加四萬。

每次會議他都不急著發言，總是提出關鍵性的問題，瞭解客戶的需求、目標客戶、預定目標、市場趨勢、能動用的預算，然後再提出建議及看法，儼然有如軍師一樣，而且做事有條不紊，交代給專員的工作都是清楚明確，遇到問題也是第一時間自己解決，沒有一絲的推託。

C型人在職場上的成功基因包括：

一、多角度的分析能力

二、清晰透徹的思考能力

三、講求邏輯的表達能力

四、仔細謹慎的工作態度

五、信守承諾的責任感

在一些專業技能及學識掛帥的行業中，C型人的比例會較高，包括醫生、律師、會計師、工程師、精算師、研究教授、稽核、文字編輯、程式設計師等，都是具有高度C型成功基因的專家權威。

像是典型的C型成功人士包含有股神華倫•巴菲特、微軟創辦人比爾蓋茲、半導體之父張忠謀、台灣葉克膜先驅柯文哲、律師主持人謝震武、金鐘獎教育文化節目獎主持人謝哲青、公關教父白崇亮等，在專業領域及知識密集度高的產業中，一定會看到擁有C型成功基因的領域權威。

假使你是高C型傾向的人，但至今在職場上已經過了五年，你的專業及實力卻還沒有被看見或發掘，或許可以自我檢視一下，上述五項C型人的成功基因，是不是還沒有發揮出來，還是因為失敗基因的影響，導致成功的基因被遮蔽了。

C型人在職場上的失敗基因包括：

一、過度要求完美的挑剔
二、常用負面想法看待機會
三、只講事實忽略了關係
四、追求細節而失去大目標
五、對於自我專業的執著

剛提到的專案經理，到了最後他並沒有接受老闆的加薪慰留，而是繼續去尋找下一個更能發揮的公司。本以為以他的資歷，應該一下子就可以找得到好工作，但沒想到這一找就是半年，因為他有「三不原則」，本土公司不去，不是大公司不去、工作內容不符合專業不去。

我可以理解這些選擇標準，就像每個人都可以有自己的「擇偶條件」一樣，但先決條件是，你有多少籌碼？還有你準備付出多少代價？我知道他的能力不錯，但要找到他理想的公司，恐怕還要在歷練個三、五年。而且心態上需要再彈性一點，除非你堅信「非她不娶」，否則你永遠很難預料到，成功的轉彎處何時會出現。

後來的幾年，他經歷了近十家公司，最後索性跑去中國大陸與人合夥創業，當初他所說的願景和理想，在我內心的估計應該頂多可以撐個兩、三年。然而才一年半左右，他就回了台灣，並做著差不多邏輯的事情。

我無法論斷他是成功或失敗，只能偏頗的說：「他可能錯過了職涯最黃金的十年」，他的一切就很像愛迪生一樣，堅信自己可以做出更耐用的燈泡，但也因為堅信自己的專業，讓他輸掉整個美國的電力市場。

當一個人成為專家時，那傲慢與偏見也會悄悄的跟在左右，C型人的執著與執念常常在成為了專家後，成就了自己過去，也可能毀了未來。

本篇學習重點

C 型人職場良言
想要有貴人，先成為願意被雕塑的人

筆記

Chapter 4

整理心關係
連結新關係

Prejudice let you can't accept me ,pride let me can't love you.

—Austen

傲慢讓別人無法來愛我，偏見讓我無法去愛別人。

一奧斯汀 英國小說家《傲慢與偏見》

Chapter 4

可以討厭你爸的行為，但不能不尊重他的個性

整理自己跟父親關係的五個問題

❶ 你會經常跟爸爸聊起工作或生活嗎？
❷ 你知道爸爸最喜歡吃的三種食物嗎？
❸ 你會一直希望爸爸改掉一些壞習慣嗎？
❹ 你曾經跟爸爸大吵過好幾次嗎？
❺ 至今心裡還有疙瘩沒跟爸爸講開嗎？

從經典的《大白鯊》、《E.T. 外星人》、《法櫃奇兵》到全球票房前十的《侏儸紀公園系列》及拿下奧斯卡最佳導演獎的《辛德勒名單》，拍攝無數經典大作的鬼才導演史蒂芬・史匹柏，被《時代》雜誌列為世紀百大影響力人物。

很多人都以為是天賦造就了這位曠世奇才，但事實上一部 HBO 的紀錄片裡，史匹柏親身說出了當年拍片的原動力及創作靈感的來源，竟然是因為小時候父親忙於工作，為了家計，每天都早出晚歸，所以史匹柏透過拍片彌補這份失落的情感。

《E.T. 外星人》、《法櫃奇兵》雖然是科幻及冒險電影，但史匹柏卻把父子關係的情感巧妙的放進電影裡。在李奧納多主演的《神鬼交鋒》裡，史匹柏更把當年爸媽離異時痛苦的情緒，在電影裡發洩出來，但真摯的情感也讓史匹柏的電影不只是聲光效果奇佳的娛樂，更是填補了自己與觀眾的情感缺口。

不只是史匹柏，許多企業家、巨星、歌手都與父親的關係疏離或不佳，輕微一點的，多年沒講上幾句，彼此還有開不了口的心結，嚴重一點的，互看不慣、心生厭惡，甚至離家外出打拼就是想切斷這不想承認的血緣關係。

經常都會聽到一些直到晚年，父親生重病時，才彼此放下了怨恨，互相原諒的故事。但時間往往已經過去了二十年、三十年，總在最後的時光，才要去彌補或修復那一道道的傷痕。

一個兒子跟父親的關係奇差無比，經常瞧不起父親，並不是他父親的職業有多低下，或是做了多麼見不得人的事情。相反的，父親是位職等很高的公務人員，且剛好被分派到「待退」單位，可謂是「錢夠事少責任輕，經常睡覺運動去」。

而且下班之餘不是看電視、打牌、釣蝦，就是睡覺，雖然沒有什麼賭博、酗酒或是找小姐的惡習，但慵懶的樣子，讓他總是覺得這個父親不是個有能力的人，但真正讓他非常討厭父親的是，家裡從貧困到小康的三十年來，幾乎都是媽媽一個人撐下來的，父親對家的責任似乎只有拿個死薪水回家而已。

其中包括母親懷胎時，父親三番兩次跑出去打電動，讓母親挺個大肚子一個人在家洗衣煮飯、帶小孩。家裡正缺錢時，父親裝死不去借錢外，還偷藏私房錢去玩股票。坐月子時，不在家裡幫忙，讓母親一個人在家照顧婆婆和小孩，自己卻跑去釣蝦。種種的一切，在兒子護母心切的心情下，不斷加深對父親的不滿與討厭。

而父親也在如此不被尊重的情況下，經常和兒子大動肝火，一來一往，有時連在餐廳的一頓飯都會有人發火，立刻起身離開。多年來媽媽也發現事態越來越嚴重，總是在中間緩頰父子間緊張的關係。

一個不屑的眼神、一個不爽的口氣，隨時都會引發一場戰爭。不過在上完DISC課程後，他越來越理解父親是因性格缺陷所造成的問題，所以父子倆的關係逐漸在改善，雖然難免有時還是會有零星的摩擦，但大衝突已經少了很多，從三天一小吵，五天一大吵，到現一個月口角個兩、三回。

他問我：「一年多了，我還是沒辦法完全不討厭他，有時候看到我爸那個樣子，就『奇檬子』不爽，這樣是不是不好，我是不是還沒有完全放下，該怎麼辦？」

我回：「沒關係啊，討厭是可以的，就跟我討厭菸臭味、你討厭榴槤味是一樣的，只要理解他的個性和行為就好。抽菸的人喜歡用菸來放鬆，喜歡榴槤的人就一定愛不釋手。」

課程裡，我常講：「尊重不是叫一個你討厭的人離開眼前，而是你討厭他的行為，但你願意理解他的選擇。」有了這層認知，比較能將「討厭的行為」解讀為「個性的行為」，讓自己心理上的厭惡感及負面情緒稍微降低。

曾經一位學員跟我分享，她看過也聽過許多人際關係的書籍及演講，當下都覺得很有道理，有時候還很感動，甚至被故事感動到眼眶泛紅，但為何一碰面，衝突的情緒又很容易被勾起，以為已經建立好的心態，一瞬間就瓦解崩塌。

但在瞭解爸媽的人格特質及行為模式後，那種衝突情緒便減緩了許多。幾乎在學員身上，都會聽到這一類的變化，有些是跟爸媽，有些是跟另一半，有些是跟孩子，而我自己也是因為學習 DISC 人格特質，而跟弟弟和好，跟家人和好，跟自己和好。

攻心戰略大解析

搞定DISC四型麻煩老爸，關係免緊張

因瞭解而理解，因理解而諒解

D型父親：專制權威型

行為特質

典型的D型父親通常比較嚴肅，說話口氣也很厚重，尤其是意見跟他不同時，脾氣很容易一下子就上來，時常會讓家人覺得是個大男人主義者。對於孩子的要求會相對的嚴格，希望孩子要順從他的方式去做事，也多用命令的口吻教育孩子。

雖然D型父親很難口頭鼓勵孩子，但多會用金錢及獎品作為獎勵，對家人的愛多是身體力行，而不是空口說白話。雖然脾氣有時不小，但要是家人有困難，絕對會挺身而出，瞬間化身「地表最強老爸」！

對應方式

遇到意見不合時，千萬不要強行說服他，因為D型老爸是標準「遇強則強型」的人，而且就算你拿著一百個事實證明給D型老爸看，他一樣會回你：「你不懂啦！那些都是狗屁專家」。所以向D型老爸證明「你是對的，他是錯的」，肯定不是件明智之舉，就像諸葛亮口裡的曹操一樣，「知錯、改錯、但不認錯！」

所以建議你可以表面認同他，但私下依然按照自己的想法去做，減少衝突，身體力行給他看。當有一天D型老爸沒有指指點點你的成功時，那就表示他們已經接受、認同你了。D型父親像是一座山，是家人最堅實的依靠，但面子也是這座山最需要的裝飾，給他面子，你就有裡子。

I 型父親：自由放任型

行為特質

這類老爸是大家最愛的老爸沒有之一了，比較偏美式作風，跟孩子不太有距離，也不會老是一付高高在上的樣子，與孩子相處就跟朋友是差不多的，只是東方的父親還是有點權威感，所以就像是年長朋友的感覺，孩子多半都能跟I型老爸自在的聊天，不會有太大的壓力。

對於孩子的教養方式，I型老爸多採取自由民主的方式，在成績或工作成就上也不會太過要求，只要能做自己開心的事就好。不過自由派的教養作風經常會面臨的問題是，孩子未來的發展捉摸不定，因為自由跟放任僅一線之隔。

對應方式

基本上跟I型老爸的相處不會有多大的問題，會有摩擦的多是生活習慣的不同，像是衣服整理的七零八落、東西回家就隨手一擺、盥洗或如廁衛生習慣不是很要求…等。因為I型特質本就是比較隨興的個性，若加上工作回家很累，就很容易想好好放鬆，而忽略家中的整潔。

一般家人會想用說理的方式去要求I型老爸改進，但通常是反效果居多，他們會覺得你們在干涉他的自由，這會引起一番劇烈的反抗。所以不能用批評的態度，而是「提醒」，只要I型老爸有一點點的修正，就要給予正面的鼓勵，絕不能急躁的要求快速改正。

S型父親：照單全收型

行為特質

有S型老爸的人，可以說是很幸運的孩子，並不是說其他類型的父親就不好，而是S型老爸在台灣的父系社會文化下，比例相對的較低，通常D型及C型父親的佔比來說，差不多是七成左右，而S型父親大約僅占一成。

S型老爸個性溫和，對孩子的照顧是無微不至，幾乎不用高壓的方式在教養孩子，也不會灌輸孩子未來一定要成功、賺大錢的觀念，而是不要成為社會的負擔，只要有一份穩定的工作及家庭就好，「知足常樂、安居樂業」是S型老爸最重要的教養信條之一。

對應方式

容易跟S型老爸會有意見不合的地方，就是他們的思維及觀念通常比較傳統，對於新事物的接受度都會比較低，也習慣用老方法或老東西，像是不願意學習新的電腦系統、手機APP、大眾運輸……等，然後搞的自己浪費了許多時間。

但說實在的，S型人本身就是習慣「慢活」及「經典」，所以想要有良好的溝通，一定要一次「一件事」就好，然後耐心簡單的重覆說明四、五次，如果真的不行，那就不要強求。畢竟S型老爸也沒有要多快或多方便，而且也不會影響到其他人，有時候「給他對的，不一定要給他貴的」，也是一種孝順。

C型父親：精英養成型

行為特質

這類C型父親通常自身的學經歷背景比較好，不是碩博士，就是中高階主管，不少還是醫師、律師、會計師、工程師等專業人士。因此會特別重視孩子的成績及工作表現，像是一定要國立大學，起碼要研究所畢業，工作五年要升主管，身上最好有多個證照，可以的話盡快買房等。

此外，C型父親也不是個容易親近的老爸，因為C型人本身就是個情感不豐沛，天性拘謹的人。其實C型爸爸對孩子的愛，就是幫他們「製定計劃」，然後督促他們依計畫行事，他們比較務實，會更在乎孩子未來的生活品質。

對應方式

C型老爸絕對是你不想跟他對決的人，除非你學識比他淵博，經驗比他老道，看的書及交手的人比他還多，否則你連反駁他的機會都沒有，只會在他的一連串質問下，不甘心的敗下陣來。而且C型老爸不擅於鼓勵及肯定孩子，深怕一鼓勵，孩子就飛上天，不知進取。

如果你是為了反對而反對，那真的得仔細思考C型老爸的觀點，是不是真有道理，還是只是為了打壓你。C型人一般不喜歡強迫他人，只是因為父親的角色，所以會希望你不要走了歪路、淪為輸家。很多時候C型老爸不是要潑你冷水，而是希望你能向他證明，你有謹慎的想過，而不是一時衝動。

本篇學習重點

搞定 DISC 四型老爸的應對技巧

D 型老爸：給他面子，他就給你裡子。

I 型老爸：多給鼓勵，少給批評的建議。

S 型老爸：給他對的，而不是貴的。

C 型老爸：謹慎想過，而不是一時衝動。

筆記

Chapter 4

有一種讓人又愛又愁的職業叫母親

整理媽媽是否為虎媽的五個問題

❶ 媽媽是否很辛苦的管理家裡面的大小事情？
❷ 媽媽的關心，總讓你感覺像是被質問一樣嗎？
❸ 當你做得很好時，媽媽會給你熱情的讚美嗎？
❹ 媽媽給你建議時，是不是聽起來像是在責備？
❺ 就算討厭媽媽，但最想照顧的還是媽媽？

超過十年帶領青少年營的經驗告訴我，台灣的媽媽大致上可以分成兩大派，一種是「阿信關愛派」，對待孩子比較有耐心，不太會強迫孩子的學習成績及各種才藝的表現較願意給孩子自由發展的空間，對孩子的要求通常是有求必應，管教方式也是偏向愛的教育，多以陪伴、支持及鼓勵來培養孩子。

另一種則是「虎媽要求派」，會希望孩子不要輸在起跑點上，如果有機會可以先跑，那就一定要先跑，對孩子的學校成績及各項表現有較嚴格的要求，好還要更好。通常與成績無關的活動會儘量減少，對於孩子的要求多半採取「條件交換」原則。教育方式偏向鐵的紀律，多以獎懲、檢視、督促、激勵這種培養選手的方式來教養孩子。

兩類方式沒有優劣之分，就是媽媽個性所形成的家庭文化而已，像是一個朋友是阿信關愛派的，兩個孩子一個是拿過近十次冠軍的滑輪溜冰選手、一個是數理資優班。而媒體報導過的《虎媽戰歌》，在嚴格近乎於強迫症的要求下，兩位僅國中的女兒，一個可以在卡內基音樂廳內獨奏，一個是學校交響樂的指揮。

這裡不在孩子的成就上討論誰的教養方式比較好，而是要分享台灣大多數母親與孩子間的衝突及關係。如果問你，台灣母親比較偏哪一種類型，我想應該多數人會猜是第二種虎媽要求型。

我們每年都會執行青少年營隊，後來一位營隊助教跟我說，小時候第一次參加營隊的第二個晚上，因為很感動，所以聽了營隊教練的話，哽咽的打電話給媽媽說：「對不起，我愛你。」結果電話那頭的媽媽回：「你神經病喔，那麼晚了，營隊還沒結束嗎？有先去洗澡嗎？明天不用早起嗎？」

自己原生家庭及多年授課、輔導的經驗，發現會跟媽媽間有衝突，或一溝通就會發脾氣的人，大多從小開始父母都屬於虎媽這種強勢不太雙向溝通及高壓控管的教育模式，造成孩子從小就沒有機會有被「尊重」的感覺，所謂的溝通，多半是父母一廂情願的「假民主」。

有個學員在上課時分享她真的很難諒解她媽的原因，到現在每次出門吃飯還是會上演著三十年來同樣的戲碼。當媽媽問說想吃啥？她都會不耐煩的回答：「隨便，你想吃什麼就吃什麼。」接下來媽媽的回答就會像放錄音帶一樣。

媽媽：「我都可以，看你想吃什麼就吃什麼……」
女兒：「那間菜市場的陽春麵……」
媽媽：「不要啦！那間在路邊，很沒有衛生ㄟ……」
女兒：「那吃漢堡或炸雞……」
媽媽：「不要啦！那很不健康，你這麼胖了還吃那個……」
女兒：「那吃牛排，還有沙拉吧吃到飽……」
媽媽：「你又不是不知道我吃兩口就飽……」
女兒：「所以你沒有很餓，是不是？」
媽媽：「沒有，我很餓啊！」
女兒：「那吃炭烤或是沙威瑪……」
媽媽：「吼！那又不是正餐」
女兒：「那吃自助餐……」
媽媽：「中午才吃便當，換一個口味嘛……」

不知道你有沒有很熟悉，從學生時期的選填志願，畢業出社會找的工作及公司，交往對象的好壞，還有婚後對另一半的要求，幾乎無時無刻都要被媽媽掌控在手裡。那種要求結婚一定要住家裡，房間門都要打開，晚上還不能鎖門的誇張故事，應該都有聽過，鄉土劇裡的婆婆在真實世界中到處在上演。

雖然內心無比的抱怨及抗拒媽媽的掌控，但只要提到對媽媽的愛，沒有人是不感動和掉淚的，這就是我們對虎媽的愛與愁，愛的是媽媽無怨無悔的付出，愛的是媽媽為自己的犧牲，愛的是媽媽希望自己更好的關懷，但愁的是她無窮無盡的「控制慾」。

一間米其林一星餐廳的老闆娘及二代一同來上了DISC課程，分享時，兩人抱在一起痛哭，也把全場的人給弄哭，老闆娘感謝課程讓她「撿回一個兒子」，兒子也願意回去接棒一起經營餐廳。

或許是一次碰巧的奇蹟，但只是因為兩人都「察覺自己性格上的問題」，所以才理解了這樣的愛，原來是種傷害。我很喜歡有人問我，神有辦法照顧到每個人嗎？我總會回答：「沒有，所以祂創造了媽媽。」

攻心戰略大解析

安撫DISC四型難纏老媽，感情必加溫

虎媽的愛是種期待，也是種炙愛；關係的改善，需要換個角度看待

D型母親：一手包辦型

行為特質

這種類型的媽媽應該不陌生，不管是小學，還是大學，無論是工作，還是嫁娶，從小事到大事，D型媽媽都要一手包辦，全部把孩子的事情弄好，不然她會無法安心入睡。過程中，若是子女有不同的意見，這D型媽媽多會用「我是為你好」的話，讓子女乖乖的聽話配合。

D型媽媽對孩子的控制慾是難以被壓抑的，因為那就是愛的表現，在她的心底，「媽媽」的任務就是傾全力地去讓孩子過得更好，孩子所有的事，就是她的事，管它天崩地塌，還是洪水猛獸，孩子的困難就是我這個做媽的

要扛起來，但孩子在這種教養下成長，難免容易失去責任感及自我意識。

對應方式

D型媽媽的共同特質之一就是「無論你幾歲，你都是她的孩子。」所以D型媽媽的關心常一不小心就成了干涉，會煩惱你工作有沒有順利，會提醒你有沒有戴口罩，告訴你要趕快去囤貨。她們的關心，就好像CEO來巡察一樣，總讓孩子有些吃不消。

其實D型媽媽很容易把人生重心放在子女身上，如果你老是忙著工作，她們就會開始產生失落感，如果又沒有找到其它重心，就會不斷關心你。所以不要漠視她的關心，只要稍微耐心，花個幾分鐘回應她的關心，是可以避免陷入情緒綑綁的循環中。

I型母親：寶貝好棒型

行為特質

這一型的母親是大家都很喜歡的母親，沒有威迫利誘，沒有嚴格遵守的家規，只有開心與歡樂，所以通常I型媽媽跟子女的感情都會很好。I型媽媽相信每個人都有獨特的天賦與才能，所以縱使成績或工作表現不佳，I型媽媽也不會大失所望的生氣，只會認為是孩子還沒發揮天賦而已。

I型媽媽偏好「愛的教育」，喜歡讚美及肯定孩子，她覺得批評和責罵會讓小孩有不好的回憶，也會傷了孩子的自尊心，所以多是鼓勵取代責罰。I型媽媽最常對孩子說的一句，就是「寶貝，你是最棒的！你是最優秀的！」

對應方式

基本上跟I型媽媽相處不會有太大的問題，畢竟有趣、樂觀是I型人的天性，會有摩擦的通常是工作造成的情緒壓力。要是I型媽媽白天還要上班，那這種問題就會容易出現，多是因為工作壓力造成的暫時性情緒化，加上付出或努力沒有得到回饋，很容易情緒一下子就低落了起來。

當I型媽媽情緒化時，千萬不要跟著一起情緒化，因為I型情緒化時的感染力強度驚人，這時只要關心她的遭遇，問她：「怎麼了？還好吧？」

然後默默的讓媽媽好好抱怨，不需要給建議，只要跟著一起發發小牢騷。因為I型媽媽有時候也會像個孩子一樣，也需要你的鼓勵與肯定。

S型母親：慈母寵愛型

行為特質

S型媽媽會讓人一則以喜，一則以憂。喜的是孩子可以自由發展，不會受到太多的干涉及規範，也不會被推著要成為人中龍鳳，而且又可以享受媽媽的關愛。但憂的是S型媽媽太過寵愛孩子，對孩子是有求必應、百依百順，讓孩子成為溫室裡的花朵，對壓力及困境將毫無抵抗力。

S型媽媽的溫柔性格，通常會讓孩子學習良好的品格及恭謙的好個性，也不會因為易怒讓孩子產生不穩定的情緒。只要不過度溺愛，把孩子養成茶來張口、飯來伸手、是非不分、唯我獨尊的地步，通常S型媽媽教養出來的孩子都不會太差，是個走到哪大家都會喜歡的好人。

對應方式

與S型媽媽比較容易有意見相左的地方，就是比較會虧待自己。S型媽媽是標準的魚身給孩子吃，魚頭自己啃的母親。所以自己用的東西都是挑便宜的，但給家人的都是比較好的。但是當經濟寬鬆時，S型媽媽還是會捨不得給自己用比較好的東西。

你也說服不了她要對自己好一點，這時直接幫她決定就好，像是直接幫媽媽換一台洗衣機或空氣清淨機，然後再說個善意的謊言，宣稱這很便宜，這樣她們才會比較願意接受，不然她會一直唸你，「不要浪費錢」。

C型母親：家教紀律型

行為特質

C型媽媽通常做起家事來有條有理，而且通常家裡都打掃的井然有序、窗明几淨，去到有C型媽媽的朋友家裡，一定不會讓你失望，因為實在是乾淨到讓人羨慕，然而這都是因為C型媽媽的紀律和完美主義換來的成果。

另外，C型媽媽也重視禮貌及禮節，「請、謝謝、對不起」一定會是C型媽媽教養的標準配備，所以C型媽媽教出來的孩子多被說「有家教」。因為無論坐臥行躺站，還是用餐都不能粗魯、不得體，口出髒話更是C型媽媽的大忌，因為說了什麼話，就代表你是什麼人。

對應方式

C型媽媽是典型的SOP愛好者，什麼事情都要照著她的SOP進行，只要稍有不對，她就會糾正你，雖然很多時候總讓人覺得小題大作又拘謹，像是曬衣服一定要翻正面、浴室一定要保持乾濕分離、襪子跟衣服要分開洗、吃飯要所有菜上桌才能開動，但這就是有教養的開始。

如果你的母親是極致完美主義的C型媽媽，可以跟她溝通你的痛苦與不適應，問她是否能降低標準，而不是完全不遵守，這樣比較容易取得共識。若只是感受到有些辛苦，建議你試著去養成這些禮儀及生活習慣，相信我，出了社會後你會感謝媽媽從小給你的SOP訓練。

本篇學習重點

安撫 DISC 四型媽媽的應對技巧

D 型媽媽：讓她好關心，滿足失落心

I 型媽媽：不只老媽子，偶爾當孩子

S 型媽媽：善意的謊言，就是愛的語言

C 型媽媽：忍耐一陣子，受益一輩子

筆記

Chapter 4

該不該分手？

先問一下彼此的價值觀

整理自己跟另一半關係的五個問題

❶ 彼此知道對方很喜歡某件事的理由嗎？

❷ 你們對未來婚後生活的期待落差會很大嗎？

❸ 有了錢之後，是先買車，還是先買房？

❹ 你們偏好先苦後甘，還是先甘後苦？

❺ 你們會預先討論未來的重大決策嗎？

小賀與小伊從大學在一起也過了兩年，終於來到畢業後的選擇，小賀想先前往澳洲打工遊學，一方面多拓展視野，一方面也希望多存一點錢，而小伊也沒多想，兩個人便一同申請前往澳洲。

一轉眼再三個月就要滿一年了，兩個人必須面臨抉擇，是要申請二簽，再留一年，還是回台灣找工作。一直以來都瞭解對方個性，也都互相愛著對方的兩人終於起了第一次的大爭執，起因是小賀一直無法下定決心該走還是該留，這讓小伊很困擾。

雖然三年的感情不算淡，但面對如此重要的事卻一直遲遲不下決定，在最後關頭，小賀才被環境逼著再留一年。而小伊也一如往常的順著小賀，想說應該只是因為壓力大，所以會有一點逃避的傾向。

時間總不等人，第二次抉擇的時間又快到了，情況是一定無法繼續申請，但若是想留下，就得選擇比較辛苦的路，像是打黑工、申請工作證或是去讀語言學校。而小賀又再次猶豫了，而且比之前更加的逃避，有時候逃避到會叫她自己先回台灣，或是去找黑工之類的。

甚至連搬家、整理家務、買東西這種小事都剩下自己在做，小伊發現以前那個體貼的男友，現在整個人都變得逃避又自私。小伊傷心又氣憤的回到台灣後，問了很多人，但意見滿天飛，每個人都有自己的看法。

不問還好，一問反而搞得她更煩了，最後她問到一位夫妻關係看起來很平淡的小阿姨，小伊丟出全世界百分之九十九人都會問的問題：「我該不該跟他分手？」

小阿姨沒有像其他人一樣，高談闊論自己不幸的婚姻，後悔的選擇，還是讓老公乖乖聽話的馭夫之術，也沒有像諮商師一樣，不斷問著兩個人的過去，當下的感受，對未來的期待，然後搞得對方越來越陷入情緒當中。

這位小阿姨就淡淡的一句話：「就看價值觀」，別說小伊了，這句話應該很多人都聽不明白。「價值觀」一個多麼抽象的詞彙，一個連解釋都很難比喻的東西。放在感情上又更模糊了，是想法嗎？是觀念嗎？愛情觀嗎？還是生涯規劃？

價值觀放在愛情裡，簡單的說就是「兩個人對同一件事情的定價落差」。女方覺得婚禮一定要辦得鋪天蓋地、浪漫滿屋的才叫愛情，但男方覺得不就是一個新郎新娘累個半死，然後去取悅親朋好友的無聊儀式，那這樣價值觀就落差很大。女方認為婚禮的價值很高，但男方的定價卻很低，要是男人不想妥協，那肯定會大吵。

如果兩個人對婚禮的看法都是，想把婚禮的「邊際效益」最大化，那價值觀就會很match。我曾聽過一對這類的夫妻，刻意把婚宴辦在農曆七月，看哪天人少就挑那天，喜帖不找設計公司，直接找印刷廠，喜餅專挑折扣最多的那家，最後總成本壓到五成左右。雖然便宜，但無論是飯店，還是喜餅都是大品牌，最後結算賺了一趟去歐洲的蜜月旅行還有剩。

若男人婚後認為一定要男主外女主內，小孩自己養，還要顧爸媽，而女人則是花錢解決就好，不願意放棄高薪工作，那兩個人婚後肯定吵翻天，不離婚是很難的。「價值觀」的影響力比想法或觀念大多了，想法或觀念可以透過溝通改變，但個人的價值觀是根深蒂固的，越重要的抉擇，影響的程度越大。

小伊在聽過小阿姨的分析後，不再那麼痛苦及疑惑了，反而能冷靜的回去跟男友再相處一陣子，好瞭解彼此的價值觀是否真的落差很多。於此同時，小伊也在澳洲遇到來大約一年多的小泉，三個多月的對比，小伊比的不是誰對她比較好，誰未來比較有前途，誰比較會疼小孩，而是誰的價值觀跟她比較接近。

以條件論來看，小賀一定勝出，因為小賀比較體貼，也比較會在意小伊的心情，願意陪小伊聊心事。反觀小泉比較重視工作，比起體貼，小泉更在意兩人有沒有成長，重視解決問題而不是安撫小伊的心情，而且小賀的家境也比小泉家更是優渥。

結局是小伊平靜的跟小賀提分手，雖然難過，但三個月的驗證，讓她做出對兩個人都好的選擇。小伊與小泉在交往的兩年後，互許了終身，沒有華麗的婚禮，沒有浪漫的婚紗照，只有在異地為著彼此將來的辛苦與陪伴。

小賀沒有不好，小泉也不是許多條件最優的選擇，只是當我們面對感情時，是不是該先問問彼此間的「價值觀」，才能更成熟的選擇我們想要的幸福。

收服DISC四型情人，讓你長長又久久

好喜歡可以製造浪漫的愛；價值觀可以兌現幸福的愛

D型情人：愛恨分明型

行為特質

大多數的D型情人是個愛恨分明的情場王者，當他們喜歡一個人時，會全心全意的為對方付出，無論是精力、時間或是金錢，對方都會感受到他們炙熱又專注的愛情。但要是對方不接受D型情人的心意，或是提出分手，他們的情緒和脾氣會如同火山爆發一樣，由愛生恨。

另外，D型情人的控制慾望也比較重，對於另一半的大小事情都想知道，雖然愛的濃烈，但佔有慾也容易讓對方感到壓力，對D型情人來說，「愛

情是一種自私的無私」，對另一半的愛可不會白白的付出。

對應方式

跟D型情人在一起不用去猜他們的心思，因為他們的喜惡愛好都會清楚的讓你知道，就算是深愛的你，他們對你的包容與寬容，也會隨著時間一點一滴的下降，當關係穩定後，D型情人的真本性就會毫無掩飾的顯露在你面前。

D型情人比較少從另一半的角度去看事情，畢竟自主意識強的D型人，是很難妥協在他人的底下，除非你讓他愛到不可自拔，所以要嘛不是扮演著配合的人，就是要成為欲擒故縱、讓他們摸不清你愛他有多少的高手。

I型情人：浪漫黏人型

行為特質

I型情人在戀愛時絕對是個心思細膩的浪漫情人，當他們喜歡上你時，就會用盡所有的心思，為你製造幸福浪漫的氛圍，讓你感到浪漫又富有創意的愛情。但若是你不接受他們的巧思，一瞬間就會成為肝腸寸斷的悲劇男女主角。

另外，I型情人雖然需要愛情的滋養，但天性隨興的I型人更熱愛自由，所以總是會很快的愛上一個人，但要是對方想約束、控制他們，I型情人肯定會加速逃跑，因此有時會讓人覺得他們的愛，來的快、去的也快。

對應方式

跟I型情人在一起時，會很輕鬆、自在，不會感到太大的壓力，就像跟單純的孩子一樣，他們熱情、天真和樂觀，都讓你感到愛情的美妙，而且也不會要求東、要求西的去限制你。

不過因為I型情人在愛情中喜歡膩在一起，彷彿只要有了愛情，就不用吃飯喝水一樣，容易讓另一半覺得太黏，好似談了戀愛就沒有其他的重心。

所以對待I型情人，一定要小心他們的感受，縱使你想要保有自己的空間，也要溫和的跟他們解釋，否則他們很容易會以為你是不是「不愛了」。

S型情人：付出體貼型

行為特質

S型情人是個溫柔善良的好好情人，當他們喜歡一個人時，就會以對方為世界的中心，默默的付出自己的一切，希望對方能過的幸福快樂，有時就算犧牲自己也無所謂。但若是對方無法接受自己的心意，S型情人就會心痛到不斷的自責，哀怨地認為一定是自己的問題。

另外，跟S型情人在一起，總會覺得很舒服、很幸福，他們的體貼和善良，都會讓你醉倒在溫柔鄉裡。「暖男」就是S型情人的最佳典範，時時刻刻對你噓寒問暖，分分秒秒在意你的溫飽，從不對你大小聲，也總是寵著心愛的另一半。

對應方式

雖然S型情人對待另一半是絕對的忠心不二，但他們在感情中最大的優點，卻也是最大的缺點。穩定專情的愛總是平淡的，就像柴米油鹽醬醋茶一樣，S型情人不是那種激情或很會製造浪漫的人，無論是交往前，還是交往後，你會發現他們就是一根「貼心的木頭」。

此外，S型情人也不是那種企圖心很強的人，他們覺得無論錢有多少，只要跟相愛的在一起也就很滿足了，因此裹足不前、原地踏步的人生，可能就是你要接受的兩人生活。所以不要強迫他進步，或邁向人生高峰，只要接受對方是個愛家顧小孩的好伴侶，不也是很好。

C型情人：理性優雅型

行為特質

C型情人是個標準心思細膩的優雅情人，當他們喜歡上一個人時，不會溢於言表，反而會掩飾心中的悸動，且一步步用行動去透露心意。但若是對方難以感受或拒絕，他們便會無聲息地黯然退場，然後關上愛情的大門，等待下一個真命天子（女）的出現。

通常跟C型情人在一起時，會感覺安穩和安心，他們的細心、穩重和獨特的氣質，總能讓另一半感受到他們可靠的肩膀。而且C型情人期望彼此都能在愛情中成長，而不是像扮家家酒一樣，因為只有空虛的「我愛你」，是無法讓兩人有更好的未來。

對應方式

雖然C型情人總能帶給對方安穩及成長，但本身理性嚴謹的個性，可能會讓另一半感受到拘束與規範，從生活習慣到衛生習慣，從一人生活到兩個家庭，從飲食習慣到理財觀念等，C型情人都會用一種顧問的方式，來告訴你該怎樣做才是對的。

當然C型情人的決定多半不會出錯，可是對於大多數人來說，愛情不是工作，但C型情人的天生理性派，總讓人覺得好像感情才剛升溫，就步入老夫老妻的地步了。所以對C型情人要多用理性去溝通，最好不要想用情感或情緒去勒索他們，C型情人只會覺得你是個不成熟的伴侶。

本篇學習重點

收服 DISC 四型情人的妙招

D 型情人：就算很愛，也要欲擒故縱
I 型情人：浪漫說愛，照顧內心感受
S 型情人：木頭的愛，就是愛家顧小孩
C 型情人：理性的愛，萬不可情緒勒索

筆記

Chapter 4

該怎麼拿捏與老闆的距離？

整理該與老闆保持多少距離的五個問題

❶ 你老闆會對關係近的人特別友善嗎？
❷ 你老闆對人或事都很在乎是否公平及公正嗎？
❸ 你老闆對員工的獎勵會有兩套標準嗎？
❹ 你老闆是否特別會採納親信的意見呢？
❺ 你老闆喜歡讓認識的親友來公司上班嗎？

老師……

「我老闆真的很固執，我該怎麼跟他溝通？」

「我老闆真的很小氣，還要不要繼續待？」

「我老闆真的很老派，我該怎麼說服他？」

「我老闆真的很龜毛，我該怎麼知道他的標準在哪？」

「我老闆真的很霸道，是不是該換個工作了？」

這幾乎是在「向上管理與溝通」課程中一定會遇到的問題，若用 DISC 人格特質去解析的話，四種不同的主管及老闆有相對應的方法，會在下一篇來探討。這篇先從老闆的角度出發，來看究竟該跟老闆保持多遠的距離才恰當。

我同事的第一份正職工作在一間非常大的基金會工作，請她去上班的正是她的大姑姑。才剛進去第二天，就被大罵：「不是通過檢定嗎？怎麼打字還打那麼慢！」雖然大姑姑對部屬是出了名的嚴格，但是對她的姪女更是加倍，像是同事寫的字不夠端正，就會說：「回去重寫」，但如果是她姪女，就會直接說：「字怎麼寫得那麼醜」，還會把報告丟在地上。

她同事都以為有大姑姑罩就會比較爽，沒想到任何的錯誤，都會在她身上放大起碼一倍，搞得她第一年都不敢午休，一直練打字、練寫字跟對帳。其實我自己也有過這樣的經歷，在念生醫研究所時，我的指導教授是系上的好好先生。

但沒想到當我每回報告時，教授就會瞬間變得很嚴格，對待其他實驗室的同學都是輕輕的指點，但輪到我時，就好像國際評審委員一樣，不斷追問細節及數據，雖然口氣不是很兇狠，但幾乎每一次都要重報，還有破紀錄的重報三次，讓我在系上都抬不起頭來。

雖然當時我的研究能力很差，但難免會有不平衡的心態，而且最讓我困惑的是，當沒有別的實驗室同學時，他又回到慈眉善目的樣子，搞得我真不知道問題在哪裡。

所以我跟同事都聽別人說過：「他是對你有什麼怨恨，不是應該罩你嗎？怎麼對你比對其他人還嚴格？」後來發現有一半研究所同學都有這種感覺，只是程度不同而已。但自從當了主管後，才瞭解這是一種「怕被說不公平」的心態。

芝加哥大學、希伯來大學、加州大學洛杉磯分校在《社會實驗心理學雜誌》上發表了一項研究：「在公事上，老闆會特別『嚴格對待』關係親近的人，但如果是私下，老闆較能按照『公正』標準來對待他們。」

也就是說，主管或老闆為了怕其他人「有包庇自己人」的嫌疑，所以會對有關係的親友，表現出更為嚴格的標準，好讓別人不覺得自己有私心。在外國研究如是，對於更講究人際關係的台灣人更是，而且就算對自己人要求更加嚴格，還會有些人覺得是「做秀」，反而讓「自己人」被搞得兩面不是人。

若你是遇到這種主管或老闆那你便要慶幸，代表你的上司起碼是個會做事、較注重專業的人，所以才會擔心「公不公平」的問題，要是上司是屬於關係越近，標準越低的，那才會讓你悶氣生到死。

你看中國五千年歷史就好，許多衰敗的王朝不是敗在「裙帶關係」上，哪一個國力不振的國家不是因為「政治關係」的不平衡。

許多家族企業的衰敗就是因為領導人太講究「關係」，太依賴「關係」，明明兒子從小就被保護的太好，根本沒有經營管理的能力，但就指派他做總經理，然後再把一間好好的公司，管到人心離異、破產倒閉。

若你的老闆是第一類，怕被說「不公平」的上司，第一便要瞭解他的「立場」與「擔心」，就不會覺得自己好像一直被刁難。不要藉機利用關係去跟上司抱怨，這樣只會得到反效果而已，因為你讓他難做人。親密關係可以帶來好處，但也會帶來壓力，就像夫妻創業一樣，夫妻同心是「齊力斷金」還是「各存異心」？

相反的，你要在公事跟上司拉開距離，讓自己在態度上，與其他同事無異，私下也不要抱怨，反而要趁機表示：「你懂他的立場」。上司肯定會覺得你是個明事理的人，縱使怕惹人非議而不晉升你，但有一天別的部門或公司有好的缺，肯定會願意推薦你。

而另一類「關係至上」的老闆，那就是「投其所好」，謹守四句訣就行了，叫做「有關係找關係，沒關係拉關係，有了關係就沒有關係，要是沒有關係那就很有關係」。有時反而這類上司還比較累人，人治主義大過專業管理，不信專業反聽讒言，不是朋友就是敵人，若遇到這類的家族企業，要嘛成為駙馬爺，要嘛此處不留爺。

攻心戰略大解析

擺平DISC四型惱人主管，升遷又加薪

拉近距離便要投其所好；保持距離才是智慧之道

D型主管：侵略如火型

行為特質

決斷快速、行動力爆表是D型主管的基本戰鬥力，只要設定目標後，就像開柵的賽馬一樣，立刻風馳電掣，拼命往前衝，所以跟在D型主管的麾下的部屬都要心臟很大顆才能活得長久，出手「快、狠、準」是D型主管的行動鐵則。

另外，D型主管的氣勢總像個揮軍北上的大將軍，對於工作的調度及人員的安排，總能快速的佈署，不過給部屬的壓力也會讓人喘不過氣來。交辦

事情時，也容易有指揮或命令的口吻，所以D型主管多被認為帶有野火燎原的侵略風格，其所帶領的團隊也多是高壓力、高績效導向的單位。

對應方式

許多人常受不了D型主管的快速行動力，然而你也無法改變他們的快速思維模式，所以首先一定要盡可能的跟上D型主管的節奏，千萬不要期待他們會「降速」配合部屬，因為D型主管是奉行「適者生存，不適者淘汰」的領導法則。

尤其在高壓快速的產業中，D型主管的口氣會更加剛直，甚至脾氣暴躁，讓人感到不被尊重，但只要你能理解D型主管是「對事不對人」，專注在工作績效上，而不是彼此間的溫情與關係，自然心情比較不容易受影響，便能理性的處理事情，如果能跟上D型主管的節奏，日後被提拔的機會一定比其他人高許多。

I型主管：疾如迅風型

行為特質

通常I型主管是大家最喜歡的領導管理風格之一，他們總是展現幽默和風趣，跟部屬打成一片，還可以一起聊心事、喝酒、唱KTV。對於工作績效目標來說，也喜歡營造歡樂的工作氛圍，帶動大家樂在工作。

另外，I型主管的想法快如迅風般的總有許多創意及點子，好處是跟著I型主管工作絕不會無聊，但難處是當要執行時，就會發現許多漏洞，搞得大家瞎忙成一團，雖然總能解決問題，建立革命情感，但對一直重覆發生的問題來說，還有改進空間。

對應方式

通常I型主管不會是難溝通的主管，但多半是思慮不夠周延的主事者，創意雖好，但經常造成團隊的困擾，可是你又不能一下子就否決主管的意見。最好的方法就是「先認同，後詢問」，傾聽並稍微認同主管的想法，再提出執行上的問題，如此I型主管才能在高昂的情緒下，聽取你的想法。

I型主管也會出現粗線條的時候，講的天花亂墜，但比較難條理化，所以經常會讓部屬覺得前後策略不一致，或是臨時換目標，當你要提出疑慮時，又無法說服主管，所以文字化及重點化主管的想法很重要，需要適時提醒I型主管最終的目的與決定好的策略，讓主管不丟臉的繼續執行工作。

S型主管：徐如茂林型

行為特質

S型主管應該是全世界最nice的主管了，不喜歡強迫或是催促部屬，希望部屬都能互相體諒及尊重，也能為主管及團隊著想，S型主管總希望能建立一個烏托邦的理想團隊，讓大家能和平的在一起工作。

另外，S型主管偏好穩定的工作模式，不太願意接受過於創新的方案及做法，安全穩定是S型主管的行事準則，因此S型主管所帶領的團隊通常像是徐風吹過，穩靜不動的茂林一樣，雖然不太會出差錯，但也難成為公司最倚重的團隊。

對應方式

S型主管在下決定時幾乎都會猶豫不決，總會考量東、顧忌西的，一下考慮其他部門對自己的看法，一下又煩惱頂頭上司看待自己的心態，所以總是無法快刀斬亂麻，而導致部屬的行動跟著放慢。這時不要逼迫S型主管非要下決定不可，而要同理主管的立場，多運用「兩害相權取其輕」來幫助S型主管做出決定。

當S型主管過於保守時，也不要大提突破自我、創造奇蹟的論調，S型主管相當缺乏安全感，要是你過於求新求變，很容易被視為激進份子，所以先用小改變證明結果既安全又有效，才能繼續提出進一步創新的想法。

C型主管：不動如山型

行為特質

多數的C型主管應該是大家都不想遇到的，因為C型主管的思慮縝密，邏輯分析能力又強，經常能挑出部屬的問題及疏失，弄得部屬要一而再，再而三的調整與修正，不過也正是如此，C型主管帶領的團隊都是菁英及專家等級，因為追求完美才能超群出眾。

專注細節及流程也是C型主管常見的管理風格，C型主管相信透過數據統計出來的事實，接受反覆驗證的理論與流程，對於口說無憑的故事或案例，根本不會採信，這也是他們總是如此冷靜及理性的原因，所以總給人一種不動如山的專業權威感。

對應方式

追求完美是一種態度，也是一種強迫症，尤其在專業的判斷上，所以如果你不是C特質特高的人，建議莫不要跟C型主管做辯論比賽，因為下場通常會被電很慘。要讓C型主管信服，沒有捷徑，只有不斷的研究資料及進修，才有機會讓他們認同你的能力及專業。

氣勢、經驗、表達技巧、肢體語言……在C型主管面前不過是花拳繡腿，根本不算是真功夫，拿得出證據及分析的數據來，才顯得出你的專業，講得出精確的步驟流程，才能展露出你的能力，否則一切套路在他們眼中，不過是個想取巧的偷渡客而已。

本篇學習重點

擺平 DISC 四型主管的應對技巧

D 型主管：跟上快節奏，莫管脾氣爆

I 型主管：肯定加讚美，莫要澆冷水

S 型主管：多給安全感，莫求新鮮感

C 型主管：勤加做功課，莫做偷渡客

筆記

Chapter 4

後宮甄嬛傳是防小人，不是防好人

整理是否擁有良好職場人際關係的五個問題

❶ 你容易打進一個陌生的群體嗎？
❷ 你會經常把不滿的情緒寫在臉上嗎？
❸ 你寧願一個人吃飯，也不願意跟同事瞎聊嗎？
❹ 你會習慣八卦同事的工作及私事嗎？
❺ 你覺得職場就是爾虞我詐的都市叢林嗎？

有人說全世界最麻煩的兩種人際關係就是「婆媳」，還有「同事」，因為兩種關係可算是「亦敵亦友」。身處在一個屋簷下，為著「看似共同」的目標而打拼，明知互相團結合作的效果最好，但最後還是會跟最對味的人圍成一個小圈圈，而最麻煩的還是會互相較勁及扯後腿。

職場到底有沒有「真心朋友」，就像有沒有「幸福企業」是一樣的，當利益擺在眼前時，親兄弟都可以明算帳，爭家產都可以撕破臉，何況只是辦公室裡一時的過客。當然也不是職場就是人心險惡，只是「江湖在走，防心要有。」

電視台裡能上主播台的，就那幾個位子，但記者卻是滿公司都是，跑新聞最需要的就是人脈，但會害你的也可能就是你身旁最 close 的戰友。

一位主播朋友說剛上主播台時，身旁有一位好友也是主播，平常好的不得了，有一天她的整個化妝箱不見了，不知道該怎麼上主播台，問她好友也說「沒看見」，整個化妝間都翻遍了，就是找不到。最後有人好心偷偷告訴她，在她好友化妝位的下面，才免於一場災難。

自己也有過被好心同事背後捅一刀的經歷。這裡就稱他做L先生，一開始L先生非常熱心的提議要辦聯誼活動，讓大家熱絡感情，也為之後的跨部門合作建立一些友善的關係。

L先生很謙卑，不願意擔任主辦人，但過程中為人熱情，除了願意提供資訊，還有一支支的紅酒，也很積極的推動其他人一起參與，讓大家都覺得他是一個超nice的人，一開始大家都沉浸在歡樂的工作氛圍當中。

然而好景不過個把月，各部門開始有了雜音，傳說主辦方做事不夠積極，沒有作為，也獨斷獨行，都沒經過大家的同意就我行我素。而開會時的氣氛也越來越不對勁，當時做為主辦方一員的我，還經常跟L先生通電話，討論活動內容，還有怎麼協調大家的問題，當時主辦方都覺得幸好有這位好戰友。

可情況並沒有改善，各部門的火藥味也推升到要爆炸的頂點，好在這時有位同事提醒我，有沒有覺得某某某有點奇怪嗎？這位某某某不是L先生，而是我們主辦方的成員之一，S小姐。在我冷靜下來後，跟提醒我的同事聊了一下後，才驚覺S小姐建議背後的動機都不太單純。

經過一段時間的明查暗訪後，終於知道原來L先生與S小姐私底下非常熟，所以S小姐都會把我們開會的內容通風報信給L先生，L先生再找出其中的小漏洞，再刻意擴大給其他部們的人，而S小姐也會釋放出其他部門對我們的不滿，然後利用雙方的不信任，製造對立的情緒。

當時我還不相信好心的L先生與S小姐是這種人，但在打了將近一百通電話後，證實了兩個人都是雙面人，一方面先幫助你完成階段性目標，一方面在扯你的後腿，當你快成功時，就製造對立，把你搞臭後，再假裝被扶正成為接手的主導者。

為了扳回劣勢，經歷了一場《後宮甄嬛傳》諜對諜的劇情，想說又不是幾百萬的案子，或是爭奪多麼高的職務，為何要如此的權謀。後來才知道L先生在上一間公司也這樣，反而更堅固了彼此的關係，之後跨部門合作上也順暢了許多。

半年後，當他被調到別區去，連同那幾個搞小動作的人全退群時，LINE 群裡又開始歡樂了起來。

不是要告訴你人性有多黑暗，而是要提醒大家在職場中一定會出現這種人，雖然不是很多，但破壞力驚人。職場上大多人數都是心地善良，喜歡跟朋友一起愉快工作的同事，但總是有極少數的人會去破壞這般的寧靜，而且還有一套他非做不可的理由，就像滅霸一樣。

Google 和 Facebook 也都認同職場中交朋友可以提升工作績效及減緩壓力，所以都有規劃讓員工一起休息、用餐、玩遊戲及交流的時間，而 LinkedIn 也發起帶父母來上班的活動，讓大家可以彼此多認識，建立更緊密及友善的工作環境。

職場裡良好的團體人際關係，可以讓你有歸屬感，有團隊的支持感，有紓壓的親切感，所以還是希望大家在職場上可以「廣結善緣」、「多多益善」。無論是同部門還是跨部門，保有一顆「多一個朋友就等於少一個敵人」的心，先釋出你的善意，我想大多數人都會喜歡接近正面陽光的人。

但也要提醒自己「保持距離，謹防詐騙」，不然很容易一朝被蛇咬，十年怕草繩，而拒所有人於千里之外，這樣並不是一個好的職場人際關係。

攻心戰略大解析

擺脫 DISC 四型豬隊友，一路上天庭

危難可以檢驗好人；利益可以檢視小人

D 型豬隊友：逞強吹噓型

行為特質

職場上的D型豬隊友相當常見，幾乎三十人左右的團體就會有一個，他們的最大特徵就是不管他人建言的逞強，以展現自己的能力或才能，以及吹噓某方面的成就，好讓同事為他拍拍手，或將他視為厲害的角色，更嚴重的D型豬隊友還會出現「這團隊要是沒有我，早就垮了」的幻想，讓人狂翻白眼。

D型豬隊友拖累團隊的最強技能是「裝逼」，喜歡擺出一副某方面我很強的樣子，刷一下優越感，好讓大家把重責大任交給他，但結果能力不夠，

最後拖累了整個團隊，還會怪說是大家辦事不力，絕不會承認是自己的問題。

對應方式

這類型D型豬隊友多半是有點資歷、手握一些資源，或是曾經風光一時的人，加上D型人喜歡贏過別人的優越感，和希望被倚重的虛榮心，所以若是你不「重視」他的這些討人厭的行為時，他就會視你為敵人，聯合一些腦波弱的人來圍剿你。

當然也不是要你拍馬屁的去認同D型豬隊友，只要不當大家面吐槽他，基本上他也不會來挑釁你。只要你願意給他戴一頂高帽子，讓他自我感覺良好，滿足他的虛榮心，有時候反而可以獲得他們的協助，把損友變隊友。

I型豬隊友：搬弄是非型

行為特質

如果你曾經被這種I型豬隊友坑過，肯定會覺得這種豬隊友是所有類型中最令人厭惡的。他們最大的特徵之一就是「咬耳朵、講八卦」，其實最可怕的不是講別人的八卦，而是講的「絲絲入扣」的八卦。

I型人的表達渲染力在講臺上發揮，就是一名精彩的的演說家，但若用在咬耳朵上，就是一名不折不扣的「流言製造機」。不只探人隱私、散播八卦，如果你是他討厭，或是曾得罪過他的人，那你的「莫須有惡名」一定會被他遠播。所以I型豬隊友拖累團隊的最強技能是「雙面人」，去A那邊講B的壞話，然後再去B那邊講A的壞話，導致團隊互不信任，種下積怨的火苗，將嚴重打擊團隊的和諧與信任。

對應方式

I型豬隊友會喜歡咬耳朵的心態，就是一種是希望大家都能跟他成為好朋友，抓住大家「喜道人長短」的心理，也順勢讓自己成為核心人物。另一種，則是懷有報復的心理，I型豬隊友擅長運用巧妙的言詞煽動人心，借此離間那些他討厭的人，這種角色在許多偶像劇中幾乎不會缺席。

應對I型豬隊友最麻煩的是，他們總是無聲無息的在咬耳朵，所以很難正面戳破這種人，而且就算當面戳破，他們也能用完美的說詞掩蓋你的證明。最好的根治方法是，不要陷入反駁的泥沼中，你需要的是「時間」來還你清白，只要行得直、坐得正，不用多久大家就會看到他們的狐狸尾巴。

S型豬隊友：抑鬱寡歡型

行為特質

大體來說S型豬隊友是四型中最無害的，畢竟S型人天生就是好好人家，不會去害人，也不會以自己為中心的拖累團隊。他們最大的特徵就是整天像個「憂鬱小生」一樣，對任何事情都提不起勁之外，還會不斷散發「會失敗」的氣息給其他人。

因為S型豬隊友對自己過度的貶低，導致自信心低弱，面對工作則是消極被動，並唉聲嘆氣連連。如此同事便會好心的給予安慰及鼓勵，然而正能量及心靈雞湯對他們來說，只是短暫的安慰劑，沒過多久，低沉氣壓又會壟罩回他身上，讓大家要多花時間在安撫他們的負面情緒。

對應方式

S型豬隊友的負面及自我否定的情緒就像黏在鞋底的口香糖一樣，想弄掉但就是會黏來黏去。此時講一個名人故事的激勵法是絕對沒有用的，他們只會說：「我只是個平凡人」。

要是鼓勵他們說：「你還是有優點，只要相信自己，就一定能走出低潮」等這類積極的話，也只是隔靴搔癢。基本上可以想到的激勵方法在此時都將百無一用，有時還會越鼓勵越退縮。因此，一是安靜傾聽，讓他釋放壓力，並且不要強灌正能量，二是交待他做簡單的事情，讓雜事填滿他的時間，再慢慢讓他恢復信心。

C型豬隊友：冥頑不靈型

行為特質

C型豬隊友也是職場中常見的一種類型，最大的特徵是你無法想像的「水泥腦袋」，經常固執的堅持自己的想法及流程，總覺得經過百遍的沙盤推演後，自己的方法絕對萬無一失。通常遇到這種C型豬隊友讓人最痛苦的地方是，他們的邏輯「似乎非常正確」，但就是大家不能接受的那種。

C型豬隊友會拖累團隊的最強技能是「自我黑化」，簡單的說，就是當一個保護地球的正義超人，變成要滅絕地球的黑化超人，他們的執著會將其他人的意見都視為錯誤的決定，用一種「雖千萬人吾往矣」執念去對抗其他成員，是一種棘手的問題人物。

對應方式

然而通常這類C型豬隊友經常是團隊中的專業人士，就好比要想利用生化恐攻的邪惡博士，製造慘重的傷亡，為的竟然不是金錢，而是減少人口，讓地球免於資源耗盡及汙染浩劫，你說他的出發點錯了嗎？

面對這類豬隊友，真的不可正面辯論，或是直接評論他們想法過於鑽牛角尖，這樣只會導致他們更加的堅信自己的想法，黑化得更嚴重。此時需要的是耐心並不帶批評的聆聽，及為何一定要這麼做的原因，才能慢慢讓他們放下戒心，才能討論是否還有更好的選擇。

本篇學習重點

擺平 DISC 四型豬隊友的應對技巧

D 型豬隊友：滿足虛榮心，轉化阻力成助力

I 型豬隊友：莫陷入爭辯，清者日久必自清

S 型豬隊友：從小事做起，自然憂鬱沒時間

C 型豬隊友：耐心聽原因，避免黑化再黑化

筆記

Chapter 4

錯誤的認知，帶來雜亂的人脈關係

整理是否擁有健康人脈關係的五個問題

❶ 你覺得人脈一定可以帶來財富嗎？
❷ 你覺得經營人脈需要大量的時間及金錢嗎？
❸ 拓展人脈就得要參加很多不同的活動嗎？
❹ 你會選擇多元，還是聚焦策略去經營人脈？
❺ 經營人脈後，是否有帶給你許多的好處？

世界上有兩種人會大談「人脈等於錢脈」這句老話，一種是業務、一種是經理人，當然也包括老闆。所以各個大小商業型社團、交流會、讀書會、論壇、講座或課程裡，最常見到的就是這群人，很少會見到工程師、公務員、老師、銀行行員、會計、行政等靜態工作的族群。

所以有一些上班族會很狐疑的問我：「人脈真的等於錢脈嗎？」、「我們又不是業務或是老闆，建立人脈真的能加薪嗎？」、「業務或老闆才需要人脈，對吧？」、「人脈就一直交朋友是嗎？我真的很不喜歡跟陌生人打交道」

再深入一點就會問：「我只是個工程師，去參加商務社團，會認識大老闆嗎？」、「我去念 EMBA，會有機會被高薪挖角嗎？」、「我剛創業，成立自己的工作室，要參加哪種社團比較能接到案子嗎？」

當聽到這麼多類似的問題後，深刻瞭解到大多數人跟我以前跑業務時一樣，對「人脈等於錢脈」產生了極大的誤解，及偏差的期待，就是以為「多交朋友」，就可以幫助自己完成目標。

以業務工作來說，多參加商務活動去拓展人脈、交朋友是有需要的，因為必須大量去接觸潛在客戶，才有機會接到更多的 Case，賺到更多的獎金。但非業務性質工作是否有需要花大把的時間及精力去經營人脈？

我認為是「沒有一定要」。

每一個決定，我都會先問「What do you want?」如果需要一份安分及穩定的工作及生活的話，那真的不需要花心思及時間去拓展人脈，因為吃吃喝喝所拓展出來的人脈，實質上對你的幫助是很有限的，甚至會影響你的工作及生活。

一位飯店的小主管，非常認同「人脈等於錢脈」，所以參加了各種商協會、讀書會，各類運動社團，還有在職學分班，除每週兩天的早上六點半商務交流會外，還有周一的慢跑社團，週二的學分班，週三的讀書會，週四的商務社團，以及六日不定期的各類論壇、講座及課程。

小主管希望從中認識更多的不同行業的菁英外，其實更希望有一天能被高薪挖角，但這個目標不只至今沒有實現，更影響了他的家庭。長期的社交活動，把家裡的兩個小孩都交給了老婆照顧，晚上喝到十一、十二點回家也是每週都會發生的事。假日也是以拓展人脈的活動為優先，沒活動時才選擇在家陪老婆與小孩。

雖然老婆越來越不滿，但小主管都用「為了被挖角」的理由，讓老婆暫時忍了下來，然而夫妻家間壓力因此日積月累，小主管一回家就是面對老婆的抱怨與帶小孩的煩躁，所以就更不想早回家，然後老婆就越是不滿，搞到最後還一度差點要離婚。

不僅弄到與家人的關係不好外，社團活動的事務也把小主管搞得筋疲力盡，上班有時還會精神不濟或分神，連經理都勸他要腳踏實地，不要去玩那些有錢人的遊戲，畢竟當上社團的幹部就是要出錢出力。

反觀另一間廣告公司的創意總監，沒參加任何需要早起的商務交流會，也沒到處參加人脈拓展的活動，只參加一個自己喜愛的羽球社團，以及一個讀書會和校友會。除了年度大型餐會或活動外，應酬及娛樂類型的活動，他幾乎是鮮少露臉，但他替公司「額外」接到的案子，已經超過好幾百萬，老闆也越來越重視他。

我會提到「額外」是因為創意總監基本上是不需要去外面跑業務，他拓展人脈的主要目的不是為了「業績」或「被高薪挖角」，而是結交不同產業的菁英，去「開拓眼界」及「學習成長」，額外接到的案子只是附加價值而已。

這位創意總監對於「人脈等於錢脈」的觀念就比較健康，經營人脈不是抱著「只對自己好」的目的去經營，而是帶著「互相幫助」及「學習成長」的心態，才能深入的將人脈轉換成錢脈。

他沒把時間花在吃喝上，而是選擇利用自身的專業去幫助社團的人，像是幫社團的活動文案美編成有質感的宣傳海報，幫忙新進社員挑選適合的球拍，提供讀書會最近流行的好書，經常解答群組裡的問題。他曾說：「我沒喝過一杯酒，也不用到處應酬，但我都很容易進入團體的核心，自然能多接觸到不同的機會。」

他的觀念類似「長期持有」股票或基金，而不是「炒短線」。我認為經營人脈最大的兩個重點，就是「選對團體」及「幫助他人」。若沒有用心去幫助團體或他人，只想圖利自己，那拓展人脈非但不會幫助你，只會讓惡名更遠播而已。

靠向人生勝利組，必要結交的四種益友

人脈不等於錢脈；除非你真心相待

D型益友：相挺拉拔型

D型益友是很重義氣及會相挺的朋友，但不是那種不管對錯一路挺到底的黑社會義氣，而是會跟你說真心話的朋友。一般來說D型益友的人生成就都不差，能力也都很不錯，所以他們真心希望你能更好，才願意對你的嘮叨。

D型益友不是英雄惜英雄，就是愛才如命，當他們遇見跟自己一樣有才能的人時，便會一下子就熟絡起來，甚至在對方困難時，會想要拉對方一把，就像曹操對關羽的渴求一樣。相反的，若是你看起來就是一副對未來沒期待的樣子，那D型益友應該只會成為你的過客而已。

I型益友：鼓勵支持型

I型益友最大的特徵之一就是擅於鼓舞他人，他們就是樂天派的信徒，工作或生活上的不如意和小挫折，通常一覺醒來就煙消雲散了。所以當你失意沮喪、難過痛苦時，一定要去找I型益友，他們的樂觀是治療憂鬱的最好解藥。

另外，I型益友也會很容易的看出你的優點，在他們眼裡，每個人都是獨一無二的禮物，他們會讚揚連你自己都遺忘的優點，也會給你滿滿的正能量，讓你更有自信的接受挑戰，很多時侯不是他們的語言有多激勵，而是他們希望朋友都能過得快樂開心和幸福。

S型益友：培養品德型

S型益友是不容易被發現的一群人，因為他們低調到，讓周圍的人認為跟他們在一起會有什麼幫助嗎？說成就比不上D型人，說正面也不比I型人，內向和善良頂多帶給朋友安靜和舒適，好像並沒有什麼具體的幫助。

的確S型益友很難主動讓你學習到什麼，但他們對朋友的幫助卻是深遠又具影響力。孔子所說：「德不孤，必有鄰」，就是我不斷鼓勵大家去結交S型益友的最大原因。「溫、良、恭、儉、讓」是很多人已經遺忘的美德，世界教我們如何快速達到目標，如何以自己為中心，但為人處事的品德，才是立足社會的長久之道。

C型益友：顧問教練型

C型益友是最難結交到的一群人，因為他們對於真正朋友的挑選是相當嚴格的，他們的高標準也落實在結交朋友上面，能成為他們好朋友的人，基本上需要心智及心態夠成熟的人才有機會，否則他們是嚴格遵守「話不投機半句多」的人。

若你有個C型益友一定要好好珍惜，因為他們將可能是你的人生顧問、教練或軍師，當然不是說要向他們拜師學藝，而是C型益友會像中國歷史一代名相「魏徵」一樣，會知無不言，言無不盡的給你出謀劃策，及糾正你的問題。一位日本業績破億保險女王就是有一位C型的益友，一直糾正她的銷售技巧，才得以成為業界傳奇。

本篇學習重點

結交 DISC 四型益友的保證

D 型益友：讓你人生邁向成功的保證
I 型益友：讓你人生充滿快樂的保證
S 型益友：讓你培養品德良善的保證
C 型益友：讓你專業精益求精的保證

筆記

Chapter 5

千篇話語 不如起身整理

People can control their own destiny, if we are being manipulated by others, that the fault is not destiny, but in ourselves

—Shakespeare

人們可支配自己的命運，若我們受制於人。
那錯不在命運，而在自己。

一莎士比亞 英國文學家

Chapter 5

整理最難的不是割捨，而是放下執著

整理自己是否容易執著的五個問題

❶ 是否經常不容易有耐心地聽完他人的意見？
❷ 有人越想說服你時，你是否會越想反抗？
❸ 當別人的方法更好時，是否依然不改變自己的做法？
❹ 是否會很討厭別人糾正自己的生活習慣？
❺ 當別人否定你時，是否會想證明自己是對的？

第四章我們談到不同的人際關係的問題與應對方法，而最後一章就是我經常在課程結束所提醒的「即知即行」，無論是哪本書，行動才會帶來書的真正價值。

就像這兩年常看到網友分享李小龍的一句名言，「我不害怕曾經練過一萬種踢法的人，但我害怕一種踢法練過一萬次的人。」就是強調專注及執行力的重要。

有一些人不斷聽演講、上課及閱讀，但總把其當成是一種休閒，或是心靈慰藉，真正能改變並成長的人，並不是上了多少課或看多少書，而是有沒有從第一步「行動」開始。所以最後一個章，要談談怎麼樣的行動，能幫助自己清除煩惱、成為更好。

就從第一次「斷捨離」的經驗開始，很多人都知道斷捨離最難的是「什麼要留，什麼不留」，就好比佛家常說的八苦，「生、老、病、死、愛別離、怨憎會、求不得、五陰熾盛」中的愛別離一樣。要離開自己喜愛的事物是痛苦的，有人股票輸錢，心痛得要死。有人被分手拋棄，哭得撕心裂肺。有人失去至親至愛，心痛得肝腸寸斷。有人發生了意外而殘疾，從此跌入萬丈深淵。

無論失去什麼，我們都將必定承受痛苦，因為世人都緊抓著曾經擁有的每一件東西、每一段回憶及感情。

我蠻喜歡在上課時問一道題

一個風雨交加的深夜，你下了飛機後

準備開著車從機場回城裡

當晚因風雨太大

只剩下需要兩個多小時才能到城裡的巴士可搭

然後你匆匆一瞥後發現

巴士站裡有三個人正焦急的在等著巴士

一個是看起來快病倒的老婦人，很明顯地她迫切需要到城裡看醫生

一個是曾借你一筆大錢，讓你度過難關的老友，你一直想找機會報答他

一個是你從來沒那麼悸動的對象，心動到立刻就想停車（假設你單身）

但很可惜的，你開的車已經被行李所塞滿，只能再多載一個人，請問你會載誰？

通常讓學員回答前，我會先簡單的分析一下，這老婦人跟你非親非故，而且如果載了她去醫院，之後會不會有什麼還要幫忙，或是還要你幫忙繳醫藥費什麼的？但如果不載她一程，會不會這兩個小時她就挺不過去？一邊是內心的良知，一邊是怕幫忙過頭了。

「受人恩惠必當湧泉以報」，當初要不是這筆錢，我的小公司早就破產了，要不是老友願意無償的支持，我能有今天嗎？而且多年來他一直堅持不收我的利息，今天這趟車程，剛好是表達我心意最好的機會，更何況我們多年不見，剛好可以車上好好聊聊。但如果載了他，我可能就錯過一生的幸福，而且老友改天再約也是可以的，至於老婦人，應該會有好心人幫忙。

為了夢想打拼了多年，雖然工作越來越順利，但感情總是沒有著落，無論親友怎麼介紹對象，總是沒有悸動的感覺，不是要求顏值要多高，或是家境有多好，只是總沒有一個能讓自己一眼就認定的那個人。

愛情裡有人常說：「一錯過已百年身」，總會有那一個人，讓你覺得是命中註定的，但只要錯過就是錯過了，今天你的悸動就是那種「眾里尋他千百度，驀然回首，那人卻在燈火闌珊處。」但對方真的會願意讓你載嗎？如果載了夢寐以求的對象，內心會不會愧對老友或是老婦人？

每回分析完，我便會讓所有學員閉上眼睛，趴在桌子上舉手，好統計大家真實的想法，但每次都一定會有人都不舉手。而不舉手選擇的原因幾乎都是「把行李丟下，那不就三個人就都可以一起載了嗎？」感覺好像我出的是腦筋急轉彎一樣。

我都會讚許這是個好方法，打破問題的框架，選擇「捨棄行李」去幫助別人，好獲得三贏的結果。但當我再繼續問他們：「如果行李是你花了十幾萬好不容易從國外採購回來的戰利品及給親友的禮品，那你還要丟嗎？」這時幾乎所有的人都猶豫了。

不過接著就會有人補說：「可以先寄放在機場，過幾天再回來拿，不就一舉兩得了！」

我便會追問：「車程兩小時，來回四個小時，你願意嗎？」

這時學員也會猶豫了一下，然後勉強地回答：「應該OK。」

學員的反應跟我第一次看見這題目是差不多的，也陷入了其中的糾結，然後天人交戰了一番，最後選擇了自己的答案，等聽到了「終極解答」後，才恍然大悟。

終極解答就是：「把車鑰匙交給老友，讓老友開車載老婦人去醫院，然後自己陪夢寐以求的對象一起搭巴士回城裡。」

這終極答案或許不是每個人心中最佳的選擇，但的確值得我們去思考「執著」與「捨棄」這道兩難的習題。除了擁有的物品及情感外，人最不願意捨棄的就是「自己的想法」（滿載著行李的車子），無論考慮哪件事（老婦人、夢寐以求的對象），人都很習慣的不放棄自己的想法。

我不是要大家放棄自己的想法去隨波逐流，而是不要老是堅持只有自己的想法才是正確的，當我們「執著」在自己唯一看法時，那可能最好的辦法就不會出現在眼前。

在整理房間之前，更應該的是整理自己的心思，為什麼無法割捨這樣東西？為何一定要留下這樣物品？是不是自己一直在一段關係中「執著」什麼？又是不是自己到現在還無法「放下」甚麼？

攻心戰略大解析

幫助DISC四型人放下執著的心理練習

最難割捨的絕非凡事不由我；而是心裡只有自己的執著

D型人對「輸贏」的執著

D型人很容易被認定是個超固執的人，怎麼講也講不聽、說不動，要改變他們的想法比登天還難，有時候遇到意志不堅的人，還會被D型人反說服。這都是因為D型人天生那種「不想被打敗」個性所致。

他們不喜歡輸的感覺，所以要是認同了別人，聽了他人的話，潛意識就會判定自己是「輸家」，所以D型人會極其去反抗與自己不同的想法與意見，無論自己是對或錯，要是又曾經有過豐功偉業，固執己見的狀況就會更加嚴重，因為認同別人的看法，就等於否定自己「過去的成就」，或是「被比下去」。

我不太會強調「放下執著」這種觀念，而是透過「自我覺察」改變對事情的看法，讓執著逐漸淡化。所以D型人要覺察自己為何經常難以接受別人的意見？為何時常被說聽不下人言？為何被貼上難溝通的標籤？

其實多數人在表達意見時，並不是要推翻他們，也不是要打倒他們，只是提出意見「討論」，不是辯論。當D型人能理解時，就不會用「輸贏」去看待每件事，也不太會覺得認同就是「臣服」，自然內心的執著就會少一些。

I型人對「認同」的執著

I型人多是活潑好相處的人，人也好說話，比較不會讓人覺得是個執著的人。不過I型人不是真的就不執著，只是執著的地方通常不容易被看出來，畢竟I型人也希望跟大家都好來好去，所以會將心理的「執著」隱藏起來。

I型人很容易會執著在「是否得到認同」，我相信只要是人，都會希望得到認同，I型人對於「想被認同」的範圍之廣，可能會讓人覺得驚訝，舉凡幫忙倒個水、搬張椅子、丟個垃圾等小事，到幫忙訂餐廳、上台當主持人、尾牙的歌唱表演、當員工旅遊的總召等，I型人的付出與表現，多是為了獲得「肯定與讚賞」，所以當沒有收到肯定或讚賞時，內心肯定是很失落的。

我覺得這不是壞事，畢竟誰都希望自己的努力可以得到讚賞，不過I型人對於「認同」有一種思維邏輯，就是被認同後，就會增加動力，有了動力，工作就會賣力，越是賣力，就會獲得認同。

這樣正向的循環乍看之下沒有問題，但多數的情況是「做的好叫應該，做不好被罵是活該！」所以真實世界是「被認同」的機率偏低，這樣一下就阻斷了I型人的「理想邏輯」，便開始怨天尤人。如果能接受現實的運作模式，不要老幻想自己的努力一定會被認同，相信打破這種執著，一定能讓自己越來越好！

S型人對「關係」的執著

四型人裡，S型人一定是「不執著」的第一名，富有同理心和愛心，配合度又是一等一，基本上都是被人說服的份，而不是去壓迫人。但也因為S型的個性好，才會對人與人之間的關係有著那麼強烈的執著，讓自己常「爽到別人，甘苦到自己。」

S型人對關係的執著就是「無法說不」的情感包袱，連沒有關係的陌生人有時都要狠下心來拒絕，更何況是有關係的親友，所以S型人經常被人拗的主因就在這，總是以「這樣會打壞關係」、「這樣會讓對方難堪」的理由，一次次的委屈自己。

而且只要關係越親近，苦就會越往肚裡吞。把自己的付出與忍耐，搞到讓對方覺得是理所當然，最後就一定會「軟土深掘」，然後哀怨的覺得自己的命不好，或是一定是上輩子欠人家太多。

如果S型人能「就事論事」、「一碼歸一碼」認清有些人、有些事就是不能幫，就是不能扛，那就比較能跳脫這種「宿命的迴圈」。我知道關係和情感很重要，但若你的好意，反而更讓人陷入泥沼，那你還會幫忙嗎？

C型人對「真相」的執著

如果要比賽誰最執著，冠軍非C型人莫屬，他們對事情的執著程度可以說是英文形容詞中的最高級。不能說C型人就一定是固執，而是比較像是「擇善固執」，因為C型人的判斷及邏輯能力較強，只相信數據與驗證過的事實。

C型人不聽信他人說法或意見是，因為對方無法提供夠有力的證明，他們只相信自己查證過的事實，也不會輕易相信耳朵聽到的話語，使得C型人對「真相」相當的執著，特別是非常不喜歡被欺騙。

所以如果你能提出夠清楚及公信力的證據，其實C型人也不是那麼的難溝通，只是需要一點時間讓他們去重建原本的認知，也因為這樣的性格，導致C型人常會用「二分法」去判斷所有人事物，不是黑就是白，不是對就是錯。

多年對C型人的瞭解，要他們放下執著，多需要經過一些苦痛與掙扎，因為人生大道理C型人都清楚得很，也知道旁人會怎麼勸說自己，但他們就是無法越過心裡的「那道崁」。如果能探究人生的真理，不只是停留在事情真相上，或許放下執著就是一瞬間。

本篇學習重點

放下四種執著的心理練習

放下D型人的輸贏執著：認同他人不是認輸，是為了大局更好
放下I型人的認同執著：看清現實不是認命，是為了自己更好
放下S型人的關係執著：就事論事不是冷漠，是為了大家更好
放下C型人的真相執著：不究事實不是敷衍，是為了人生更好

筆記

Chapter 5

如果房間有包垃圾，你何時拿去丟？

整理為何無法改善現況的五個問題

❶ 會透過同溫層，來告訴自己其實現在很好嗎？

❷ 是否總會覺得成功的人只是運氣好或有貴人？

❸ 會一直感嘆自己沒有勇氣做出改變嗎？

❹ 是否會一直想著失敗的悲慘，而不是成功的美好？

❺ 內心真正想做的事，會一拖再拖嗎？

「我希望能先當一間連鎖店的店長，可以的話，最後開一間自己的店。」這是念研究所時，一個同學在聊畢業後想做什麼時，所講的一句話。我從她的眼神看出她有多麼不想從事現在的研究工作，有多麼不適應現在的環境，有多麼迫切的想逃離實驗室，當下我也默默的下定了小小的決心，只是我還不確定要做啥而已。

十年過去了，我算是成功的轉換領域，有了自己的團隊，服務過世界頂級公司，也成了專欄及暢銷書作家，算是有自己的一小片天地。重點是大多數時間，還蠻享受我的工作，雖然比起做研究的工作時數要來得長很多，但我的熱情依然不減。

而她從一間實驗室換到另一間實驗室，從學校換到醫院，從醫院換到學校，而曾經也想要轉換跑道的同學，幾乎百分之九十都依然停留在原本的領域上。當時我做志工的一位主管也說過，很想轉行去當房屋仲介，因為他喜歡接觸人，也希望能有更好的收入，現在這個工作薪水不高，也好像沒有發展性。

一樣十年過去了，當時的主管依然留在原來的公司，領著多一點的薪水，做著差不多的事情。就好像有一首歌現在聽起來就特別有感。偶爾去KTV時，都會點來唱一下這首《差不多先生》。雖然有些歌詞有些直白，但有幾句歌詞總是在訴說著過去的我，或是周遭的人。

歌詞中的幾句這樣寫著

有著差不多的絕望、做著差不多的夢
穿著差不多的衣服、腦袋差不多的空
差不多的掛、我說著差不多抱怨的話
時間也差不多了該回我那差不多的家
差不多的反覆、總是差不多又義無反顧
差不多的感觸、總是差不多又愁雲慘霧
差不多的孤、差不多的獨
一條差不多的路、我吃著差不多的苦

年輕時聽著這些詞，總覺得只是很有節奏感的 Rap，還有 Mc Hot Dog 很屌，可以寫出有 88 句「差不多」的不同歌詞，還可以一口氣唱完。但回過頭聽著，才發現這就是一種「想改變但卻無法」的人生寫照。

從醫學生技領域轉到企業管理領域，我真的沒有比較優秀或厲害，也沒有什麼商業頭腦或管理經驗，只是早一點下決定，並立刻去做而已。我知道有很多人會跟我說，可是……，不過……

可是我已經念這個系念了五、六年了
可是我也不確定是不是不喜歡現在的工作
可是這個行業的薪水及福利比較好
可是我有經濟壓力，有老小要養
可是我家人覺得現在工作比較好
可是……
不過這樣轉換，之前的時間不就浪費了嗎？

不過轉行後，一定會比現在更順利嗎？
不過人家都說，我現在的工作比較有發展？
不過轉換跑道後，到時會不會無法適應？
不過這樣不就要重新開始，會不會搞到更慘？
不過……

我聽過一百個「可是」、「不過」、「但是」。以前我聽起來也是覺得蠻有道理，畢竟現實總是殘酷的。後來發現能走出一片天的人，似乎沒有那麼多的可是……、不過……、但是……

Microsoft 創辦人比爾•蓋茲，進入哈佛大學的一年後休學。APPLE 創辦人史蒂芬•賈伯斯，進入學費跟史丹佛一樣貴的李德大學，第一學期後就休學。Facebook 創辦人馬克•左伯在哈佛大學也是不到一年就休學。鬼才導演史蒂芬•史匹柏也是沒多久就從加州大學休學，而且他念的還是電影製作藝術學系。

然後就會聽到「可是」人家是比爾蓋茲、賈伯斯這種曠世奇才，我們平凡人不可能會成功的，那些人都是萬中選一的練武奇才，我們這些凡人只要能安穩度日就好。

「可是」那些轉換跑道的人運氣都很好，還有很多是家裡有錢的二代，不用養家裡才可以說換就換，我們光是起跑線就先輸一半了，根本沒本錢去賭這一把，要是失敗了，那只會更慘。

其實世界上不只這幾位超級大咖因為中途跳車而成功，許多不為人知的企業家、超級業務員、發明家、明星、歌手，及各行業的佼佼者都是轉換過許多跑道才找到屬於自己的一片天。

但確實也有更多轉換跑道或創業失敗的例子，坦白說，我是非常不鼓吹休學或辭職去創業，來問我的人，十個有九個半，我都會分析創業需要面對的挑戰，然後勸退對方。除非你是個意志堅定，而且真的知道自己要什麼的人，不然還是不要貿然衝動行事。

我要強調的是「立刻行動」才能真正改善痛苦的現況，不是要「壯士斷腕」，而是從踏出第一步開始。像我花了一年去補習，從法學院轉到農學院，又花了三年從農學院考進醫學院，又再花了三年從生技領域轉換到企管領域，接著一做就是十年。

當我每次萌生「可是」、「不過」的念頭時，就會想起前輩講的那句話：「如果房間有一包又髒又臭的垃圾時，你什麼時候拿去丟？」

攻心戰略大解析

改善DISC四型人拖延症的小妙招

「可是」是最輕鬆的藉口；「不過」是最容易的理由

D型人：目標不明拖延型

一般來說行動派的D型人是不容易與拖延扯上關係的，然而每個人都有或多或少的拖延症狀，只是不同的原因及不同的程度而已。D型人的行動力皆來自於設定明確的目標，因此當「目標不明確」時，他們的行動力就會明顯下降。

另外，當目標並非自己渴望時，D型人也會開始拖延，例如D型學生不愛上課念書，老是一副東拖西拖的，但讓他們去打工賺錢就容易動力十足。這也是為何老闆比較多都是D型人，一來是上班領薪水的賺錢速度太慢，二來是上班族通常是為了老闆的目標在做事，所以創業正好可以滿足D型人對目標的追求。

如果你是D型人，但是卻對工作提不起勁，或是總是拖到最後一刻才趕著把事情做完，甚至大多數的工作都是應付個六、七分就覺得可以的話，推測很有可能現在的工作及目標無法激發你的行動力，因此是否應該重新思考內心渴望的目標是什麼？否則別人辛苦，自己也痛苦。

I型人：容易分心拖延型

I型人要拖起來，可以說是拖延界的第一名實不為過，無論是考試、作業、工作、報告、簡報、旅行、約會、聚餐，任何的行程都有可以拖延的理由，不過隨性又容易分心的個性，讓他們也對自己的拖延症感到煩心。

I型人最主要的推延原因有兩個，一來是內容或過程不有趣，畢竟I型人是興趣導向的一群人，只要不有趣、不好玩、不夠KUSO，那真的不要期望他們會多快完成這件事，無聊的上課及呆版的工作，是一定會讓I型人非拖不可的。

二是I型人本身就很容易分心，也可以說是好奇心過剩，所以任何的動靜及資訊都會讓他們不小心就神遊到其它地方，如今網路及智慧手機發達，讓I型人的拖延症更加劇烈，查個資料就跑去網購或看youtube是下一秒就會發生的事。唸書或工作時，把手機靜音擺得遠遠的、把通訊軟體登出、關掉所有即時訊息通知，相信我，真會改善的很有感。

S型人：害怕躲避拖延型

雖然S型人的動作偏慢，但拖延的問題在他們身上並不會很明顯，只要工作內容固定不太變動，或能按照固定流程進行，基本上S型人都能如期完成，但要是難度係數過高，需要從零開始，或要發揮創意的工作，那S型人幾乎會立刻變成拖延症患者。

主要是因為S型人在思考速度及處理複雜事情的速度就相對的慢，所以若是遇上太過挑戰的工作任務，自信心就會先減半，若加上沒有人從旁協助及指導，S型人就容易成了把頭埋進沙子的鴕鳥，先躲一下子，等恢復心情後再說。

S型人是習慣先假設「結局必多失敗」的人，也是害怕被大聲斥喝的人，因此在懷著恐懼的心情下，動作就會減緩，決定也會猶豫不決。若想要改善，可以試者從容易完成的小地方做起，建立好自己的信心，且遇到困難時，不害怕地向人求助，面對問題，才能解決問題。

C型人：完美無瑕拖延型

C型人可以說是自動自發的最佳典範，具有嚴謹自律性格的C型人，事前多會計劃、規劃出時間表，然後按部就班地完成。無論是工作會議，還是日常行程都會提前到場，讓人覺得他們很有時間觀念。

然而唯一會讓C型人拖延的就是極端的「完美主義」，一般工作事務對C型人而言九十分是基本的標準，縱使想要完美，但準時交件還是最重要的。但若是自己很看重的作品時，像設計圖、專欄、影片、簡報、模型等，C型人就會極度的追求完美，也會因此不小心而拖延。

雖然C型人總是會多預備時間來滿足自己的完美要求，但越是自己在乎的作品時，顯然C型人已經多準備的時間是不夠的，所以不少C型的作家、設計師、漫畫家、攝影師、導演，都會有拖延的狀況發生。我很清楚，要改變要求完美的性格不容易，但太完美的人生就像工廠出產的完美加工品，而不是充滿生命力的藝術品。

本篇學習重點

改善四種拖延症的妙招

改善 D 型人的拖延症：確認目標才激得起幹勁

改善 I 型人的拖延症：找到興趣才提得起拼勁

改善 S 型人的拖延症：強化自信才燃得起動力

改善 C 型人的拖延症：容許瑕疵才成得了意境

筆記

Chapter 5

混亂的房間，通常夾帶著混亂的人生

整理自己是否容易混亂的五個問題

❶ 大多數行程，你的時間都會抓得很緊嗎？

❷ 工作前，你會先列出今日工作清單嗎？

❸ 重要的行程，你通常會提早半小時出門嗎？

❹ 你會很容易躺在沙發或床上滑手機超過一小時嗎？

❺ 主管交辦的事，你會習慣提前一兩天做完嗎？

看著我同學用了點力才推開了房門，因為門後有一堆堆的雜物，有書本、雨衣、籃球、外套、牛仔褲、考卷，接著映入眼簾的是我這輩子無法忘記的一幕，就是我看不到房間的地板，也看不到床在哪裡，也分不清桌子及櫃子的界線是哪。

然後看著同學左翻右找的，從一堆衣服中拿出一本課本，從一疊講義下拿出一台筆電，然後從一個籃子裡翻出一條運動褲，最後抱著門後籃球，匆匆地離開房間。這是我大學時跟幾個朋友合租一層樓時，見識到的場景。

我想說我的房間已經夠亂了，沒想到這個已經不叫亂了，應該叫「亂葬崗」比較貼切。出了社會後，我以為那已經是雜亂界的最高峰，但沒想到一山還有一山高。

一位業務的車，四個空位，但還需要一番力氣才能挪出一個小位子讓我搭個便車，客戶資料、書、包包、化妝包、外套、保溫杯、高跟鞋，這些常見的東西不說。

還有裙子、褲子、小棉被、吹風機、沐浴乳、鏡子、梳子、零食餅乾、泡麵等一些不容易在車子裡看到的東西，更不用說還有喝完的手搖飲料、咖啡外帶杯和零食包裝，我心想，「啊！是住在車裡嗎？」

有些人會說，是因為業務工作，需要東奔西跑的拜訪客戶，所以什麼都要帶在身上。但我也坐過同行業務的車子，車子裡幾乎一塵不染，就算有客戶資料，也是一個紙箱裝著，放在後座上或腳踏板上，後車廂也是乾淨的只有雨傘及警示設備，很少有一大堆雜物。

雖然我不是整理師，無法長時間貼身觀察這類人的內心想法及導致混亂的原因，但可以觀察的出來，房間混亂的人，人生基本上也算是蠻混亂的。在此要定義一下「混亂」，混亂不等於人生失敗，混亂不等於能力不好，或是人際關係不好。

我定義的「混亂」是無法排出「優先次序」，而導致工作或生活事務被互相影響，而引發一連串的小麻煩。最典型的例子就是剛才那位車子超亂的業務，她一天的行程是早上要載小孩去上學，然後去公司開早會，接著到處拜訪客戶及廠商，晚上會繼續參加商務交流或社團活動，結束後再去載補完習的小孩回家。

看起來很正常，沒有什麼混亂的地方，但混亂就從小孩上床睡覺開始，梳洗完大約十一點後，她總是直接躺在床上看韓劇，一看就是凌晨兩、三點，然後早上驚嚇起床後，因為沒整理今天客戶要的資料還有要穿的衣服，所以又把一大疊資料丟進包包裡，然後不知道該穿什麼，就抓著兩件外套準備出門，因為要載小孩上學，所以就匆忙出門。

因為晚睡又早起，所以整理客戶資料又東漏西漏的，去到客戶之前，才想起對方喜歡吃鳳梨酥，所以又急著跑去買，順便在附近也買了沐浴乳和吹風機，因為想起上次趕著出國忘記帶的吹風機和沐浴乳。

冬天有時候等客戶等到累了，在車上又餓又冷時，就可以拿個小毯子來蓋，並且吃點餅乾止餓。裙子和高跟鞋是為了因應不同場合而臨時要更換的，因為她每天都趕到來不急出門，也不確定要穿什麼好，索性就拿了放在車上。

她的包包好像裝了三、四塊磚頭一樣的重，什麼碗糕是應有盡有，客戶隨時有需要，她就是最好的「移動式 7-11」。她老是說：「我跟你講，沒辦法，要服務好客戶，就要這樣，把客戶當寶，客戶才會跟你買。」

但她的業績總是起起伏伏，時好時壞，客戶多是跟她差不多的中年婦女，經濟條件也多是一般般，基本上都做不到高端的客戶，業績也多是因為靠培養關係而來，而不是解決客戶問題的專業，而車子乾淨的業務，總是那麼優雅有條理，業績穩定成長，而且都是客戶主動找她，不用當 7-11。

不知道你有沒有看出她的問題來？看韓劇只是導火線，並不是問題的根源，而且我也覺得看看韓劇放鬆，沒有不好。而是她總是沒搞清楚事情的優先次序，才會造成她的家及車子如此混亂，然後混亂的空間引發她混亂的情緒及思緒。

當一個人的情緒和思緒都很混亂時，就會覺得煩，一覺得煩就會想逃離、想放鬆，而韓劇、臉書、YouTube、手遊，剛好就是處「暫時紓壓的避風港」，之後的惡性循環，應該可以想像的出來。

「房間混亂的人，人生不一定混亂，但人生混亂的人，房間一定混亂。」不要被一些文章或調查報導誤導了，成功人士不是人生混亂，而是只有「辦公區」雜亂，專注會讓他們的工作環境「雜亂」，但人生目標及優先次序並不會混亂，因為他們知道最重要的事情是什麼，而不是想到什麼就做什麼。

攻心戰略大解析

掃除DISC四型人混亂的時間管理技巧

房間雜亂是小事；人生混亂是麻煩事

適合D型人的時間管理技巧

D型人的時間管理問題多半是因為任務太多、目標太多，加上覺得自己的動作快及能力強，所以導致多頭馬車，而把自己搞得一團混亂，雖然多半最後都可以順利完成，但過程常沒有排出優先次序，讓工作與生活間失去了界線，也一直覺得自己需要更多時間，然而不是時間不夠，而是沒有篩選的定見。

明日清單排序法的四項步驟

❶ 於整日工作結束後，刪除今日完成事項。

❷寫下明日所有待辦事項清單。
❸決定明日所有工作的優先次序。
❹每日更新隔日待辦工作清單。

即做即刪動力法的六步驟

❶先列出 To-Do List 待辦清單。
❷將待辦工作分成「可立即」及「非立即」完成兩大類。
❸從「可立即」之短時數之簡易待辦工作著手。
❹一做完後即刻劃掉，累積動能。
❺再穿插「非立即」之長時數之待辦工作。
❻每日更新 To-Do List 待辦清單。

適合 I 型人的時間管理技巧

I 型人是四型人中的時間概念最不精準的人，他們口裡的「明天準時見」、「已經出門了」、「在路上了」、「快到了」，基本上打個對折都是合理的範圍，像是十點五分、十五分、二十分都叫做「十點多」。所以混亂人生和環境就是他們生命中不可分割的一部分，就像之前講得同學及業務一樣，他們都是I型特質超高的人。

時間提前設定法的五步驟

❶預估完成待辦工作所需時間。
❷把所需完成時間多估 50-100%。
❸預估完成工作的時間點。
❹把完成時間點提前三至五天。
❺越大型的工作越要提前更多天。

隔離訊息專注法的五步驟

❶將手機設定為靜音，放置於較遠之抽屜。
❷盡可能先關掉所有通訊軟體、郵件等自動通知。
❸間隔半小時，再開啟通訊軟體或郵件。

❹必要使用通訊軟體時，使用後「關閉」，而非隱藏。
❺等工作告一段落後，再取回手機。

適合S型人的時間管理技巧

在於時間概念上S型人通常掌握度都不差，約好的時間幾乎不會遲到，該做的工作進度，只要不是太難的，都不會延遲。在生活方面，也比D型及I型人要來得有條理。大多時候，S型人都可以在既定的時間內完成工作，因為他們偏好按表操課的做事模式，不喜歡一直加速、創新、求變化。唯有突如其來的變化及高難度的任務時，S型人才會陷入混亂之中。

少量多餐切割法的五步驟

❶設定一件較困難的待辦工作。
❷分割成十至二十個小項目。
❸每一個部分都可連續或獨立執行。

④每部分控制在二十、三十、四十分鐘內完成。
⑤每次完成一至三部份便可休息。

神聖時間法的五步驟

❶設定一件重要但需要長時間完成的工作。
❷設定約一至兩小時，每週一至三次的頻率。
❸盡量設定在不容易被打擾的時段及環境。
❹關閉任何通訊軟體及設備。
❺要求自己儘量不被任何人所干擾。

適合C型人的時間管理技巧

四型人中最能掌控時間及環境整潔的就是C型人，因為他們本身就不喜歡雜亂及慌亂，覺得連自己的時間及周圍環境都無法掌握好的人，也不期望能有甚麼大成就。然而確實在許多成功及專業人士身上，幾乎都可以看到超乎常人的自律性。他們不容易因外界干擾，而亂了方寸及目標，不過也常因為要求零瑕疵及凡事力求完美的性格下，導致工作與生活的失衡。

到此為止截止法的五步驟

❶ 給自己設定「到此為止」截止線。
❷ 設定第一個大截止線：必須完成日，了解還有多少時間。
❸ 設定第二個中截止線：每週進度，設定 70~80% 就要往下個進度。
❹ 設定第三個小截止線：每日限時，告訴自己「只有兩小時可以做」。
❺ 保持「先求有、再求好」及「先完成，再修飾」的心態。

SOP省時法的五步驟

❶ 列出會反覆或日後還有機會做的工作。
❷ 依據完成經驗，建立一個 SOP。
❸ 多運用文字及表格建立 SOP。
❹ SOP 內容不用太瑣碎、僅大項便可。
❺ 每次使用時可依狀況微調。

本篇學習重點

掃除四類混亂的時間管理技巧

適用 D 型人的時間管理技巧：善用清單、即做即刪
適用 I 型人的時間管理技巧：提前定時、暫離訊息
適用 S 型人的時間管理技巧：少量多餐、神聖時間
適用 C 型人的時間管理技巧：到此為止、自定流程

筆記

Chapter 5

不用說服自己一定要斷捨離，只要動起來就好

整理在斷捨離時，是否容易卡關的五個問題

❶ 是不是覺得丟東西是一種浪費的行為？
❷ 是否覺得自己沒有經過學習就不會斷捨離？
❸ 是不是覺得每件物品都要物盡其用？
❹ 是否覺得自己是個無法丟棄東西的人？
❺ 是不是希望等到有長一點的時間再來整理？

講授如何處理奧客的服務課程時，都會講到：「人的心理會帶動生理，但生理也會帶動心理」。例如跟顧客致歉時，明明說了「抱歉」或「不好意思」，為何有些顧客不接受，反而會覺得客服人員態度不佳。

不是內容有問題，而是「口氣」出了問題，客服人員可能因為個性或忙碌的關係，語氣會過於直接，不夠和緩，甚是因為顧客的不講理，所以說出口的道歉是夾雜著忍耐及不滿的情緒。

然而口氣是最難訓練的，就算老師不斷示範如何說，某些人還是很難改善，主因是「心理狀態帶動了生理表現」。因為情緒不好，口氣就會不好，而無法誠心誠意的看待客戶，口氣也會過於剛直，所以心態或情緒不改變，口氣就很難改變。

但情緒和心態是最難短時間改變的，所以就需要反向操作，用「生理行為帶動心理狀態」。一個簡單的下壓肢體動作，客服人員不用調整心情、不用改變個性、不用強烈忍耐，只要三秒鐘一個動作，就可以讓口氣和緩許多。

斷捨離之前，很多人會想「從心理帶動生理」，包括我，例如告訴自己要下定決心，或是透過閱讀了解整理收納技巧。但往往就會拖延，所以最快的方式就是，不用去思考任何分類方式或收納技巧，直接在地上劃出「四個區域」。

你也可以準備四個籃子或大袋子，這「四個區域」分別是「捨棄區、捐贈區、留下區、猶豫區」。

接著直接把一櫃一櫃的衣物倒出來，我的經驗是從貼身衣物開始，再到短袖、長袖，最後則是外套。因為「便宜」的衣物，要割捨應該會比較容易下手，太貴的衣服，一般都還是會留下。

不過還是看你自己覺得哪一類衣物，是比較容易割捨的，從容易的開始，比較能產生「生理帶動心理」的效果。再來，不要打開抽屜後，一件一件去判斷要分在哪一區，而是整個抽屜「倒出來」。

讓衣服亂七八糟的疊成一堆沒關係，這就是「建設性破壞」，不然一件件的判斷，很容易又進入「回憶」及「猶豫」，這樣是很容易卡住的，整櫃倒出來，就會讓自己進入到一種「非好好整理」的地步不可。

接著一件一件的「快速」篩選，那標準是什麼？

「捨棄區」：真的很破舊、顏色都泛黃，鬆緊帶都鬆脫、衣服有破洞，這類的就可以直接放在此區。

「捐贈區」：還不錯的衣服，但一年穿不到兩次，或是退流行、不適合現在自己的風格，甚至是太小件已經穿不下的衣服都可以算在此區。

「留下區」：自己很喜歡，也很常穿，而且有紀念意義，或是剛買的、時下流行的，都在此區，這類應該是最簡單可以分辨的。

「猶豫區」：就是不常穿，但捨棄或捐贈又覺得可惜的都算在，更簡單的判斷法就是，考慮超過二十秒的就直接放在這區，經驗是猶豫的東西，幾乎都是存了「回憶」在裡面，才會讓人覺得「沒有用處」，但又「捨不得」丟棄。

只要多設置一個「猶豫區」，分類的速度就會加快許多，因為斷捨離最容易卡關的地方就是，拿起一件物品時，不自覺的陷入「回憶」中不可自拔，到最後真的會一件都捨不得丟。

過程中，才驚覺我一個中年男子竟然有兩個三門直立式衣櫃、一個中型、兩個小型抽屜式衣櫃，外加衣櫃裡的四個抽屜，及房間裡牆上、衣櫃外掛著的十幾件衣褲，而且每個抽屜都是「相當飽滿」的狀態，最後算一算差不多三百件左右。

那一晚，我整理了三個多小時，最後並沒有清理掉一半的衣物，僅清走了約五十件衣褲，丟棄差不多五件，其他的都轉贈給親友。雖然不是跨越式的成果，過程中也花了不少時間在猶豫，但最後衣櫥的門終於可以完全闔上，抽屜也不會卡住，最棒的是，心裏真的有種鬆了一大口氣的感覺。

之前進房間都有種悶悶和壓迫的感覺，現在感覺舒適外，連房間的空氣也覺得清新了起來，雖然只有少許的進步，但也帶動了其他區域的斷捨離。之後也把書桌抽屜裡的所有東西全部倒出來，一樣分成四堆，清完後再收納整理回去。

之後的幾個雜物櫃也都是一樣的方式，才得以挖出了六、七塊的手工皂、手工蠟燭、棉花棒、牙刷、牙膏，髮膠各式各樣的日常用品，真的夠好一陣子可以不用去賣場補貨了。

很多時候，會跟意志力跟我一樣薄弱的學員講，不用拼命地要求自己下定決心，也不用賣力地說服自己要規劃清楚，或非要扭轉人生，只要先「動起來」就好，哪怕是再小的行動，都比坐在原地自我催眠的好。一旦發現自己想拖延時，就用「生理帶動心理」，**Just do a little bit!**

攻心戰略大解析

找回DISC四型人戰鬥力的微行動

改變不一定要勞師動眾，只要從一點點開始就好

幫助D型人的微行動轉換法

雖然D型人是行動的代名詞，然而也是會有走兩步就休息十步的時候，一種情況就是設定目標時太過雄心壯志。很多有成就的D型人，都是一開始便設定一種極為遠大的目標，然後努力地一步步完成理想。

像是賈伯斯一開始的目標就是change the world，但就人性潛意識的觀點來說，設定超過認知的目標時，往往不會對於行動有加分的效果，反而大多時候會產生反效果，讓人感到目標太遠而放棄持續行動。因此採取「目標縮小法」：設定實際目標，不要好高騖遠，或設定短時間難以達成的目標，如

此會更容易持續的行動。

目標縮小法

X 我一定要在三個月瘦十公斤！

○ 我計劃六個月瘦三公斤左右。

另一種情況則是，D型人也容易因為目標太多，讓自己像是蠟燭多頭燒，雖然好像可以完成許多事情，但總是完成一些不是那麼重要的小事，反而忽略了重要的大事，因此每次當要著手重要的大事時，就會覺得力不從心。

因此，可以採取「優先順序法」，羅列出手邊事務，按緊急與重要性的關係，編排處理事情的優先次序，並捨棄不重要的事情。

優先順序法

X 先處理客戶下個月要的提案，先不上課，不然到時候提案又會很趕。

○ 先上課學習，提升專業及提案能力後，準備提案自然更有效率。

幫助 I 型人的微行動轉換法

I型人的行動力真的可以用「說不準原理」來形容，有時候他們好像懶懶的在那邊看劇、打電動，一副懶骨頭的樣子。但有時候又突然像個準備參加比賽人一樣，從早拼到晚。動與不動之間，都取決於那事情是否讓I型人感到很有興趣。

然而說真的，世界上大多數的事情，對I型人來說，多半是令人提不起興趣的事，像是單調、呆版、只能按照SOP執行的固定工作。通常只要一遇到這種狀況，I型人鐵定是應付了事，能拖就拖，因此建議可採取「時間加倍法」，先用過去經驗和自我判斷方式評估工作所需時間，再把時間加上一至半倍。

時間加倍法

X 唉，應該兩天就可以完成這份企劃案，還有一週時間，先來網購吧！

○ 唉，應該兩天就可以完成這份企劃案，但還是準備四天比較保險。

另外，I型人也容易覺得倦怠而想休息，一旦有了想休息的念頭，I型人就會腦補出一堆藉口，來合理化不斷逃避的心態，如此下去，肯定會變成「三天打魚，兩天曬網」。所以可以使用「轉化藉口法」，當心中的藉口出現時，不要把藉口當成停止的理由，反是轉化成只要再做十五分鐘的小行動。

轉化藉口法

X 我累了／我餓了／我好忙／我好煩，看一下 youtube 休息一下再說吧……

○ 我累了／我餓了／我好忙／我好煩，再做15分鐘就好，之後再休息……

幫助S型人的微行動轉換法

S型人的行動力基本上是屬於「不慍不火」，就是維持一定的速率，要他們加速，就好像澳洲大火襲來一樣，動作緩慢的無尾熊還是一樣會可憐的被大火吞噬。

然而比較嚴重的是「說一動，作一動」的問題，老是被人說他們消極、被動或行動遲緩。這其實是來自於S型人面對較困難工作時的「受挫陰影」。S型人容易先自認一定做不好，接著被責罵，然後便會沒自信的降低行動速度。因此建議使用「預期挫折法」，告訴自己誰都不一定會做得好，而且出錯只是暫時能力不足，不代表永遠都做不好。

預期挫折法

X 一直被主管糾正銷售技巧有問題，是不是我不適合當業務？

○ 每個人在銷售上都會有問題，只是暫時沒有熟練技巧，只要多加緊練習一樣可以變好。

另外，S型人是比較容易負面思考的人，當發生問題時，多是先想成嚴重的危機，而不是想怎麼變成對自己有利的轉機，所以當碰上困難的目標時，可以採用「小小成就法」，鼓勵自己在過程中，把焦點放在付出及完成的小事件上，而不是最後的大結果上。

小小成就法

X 唉，只完成了三分之一，我的效率真差，後面的部分該怎辦？

〇 Yes！已經做好三分之一了，只剩下三分之二，休息一下，之後再加油就好。

幫助C型人的微行動轉換法

一般來說C型人的行動力就像穩定行駛的火車一樣，不會像子彈列車一樣，轉眼間就到達，但肯定會準時的到達。無論哪種專案多半會給自己定下行事曆及進度表，然後就按著自己的速率進行。

因此C型人多半沒有行動力不足的問題，但如果對一件事情要求到「極致完美」時，那C型人真的會陷入地獄般的精雕細琢中，連他們自己都會覺得很痛苦，而且不可自拔。這時可以採取不在乎內容的精細度和完美度，就無腦的先執行一小段工作，以減少心理上的強迫症。

不管3721法

X 這次投稿，我一定要上，就用完美的五千字決勝負吧！

〇 管他幾個字，先寫個五百字再來修改就好。

另外，C型人是思考型工作者，作業時會大量使用腦細胞，通常靈感湧現時，坐在電腦前四、五個小時都是常態，但當中間遇到一個小關卡時，會想要「立刻想通」，但反而越會卡關。當遇到這種狀況時，可試著採取「肢體活化法」，起身動一動、闔眼聽個音樂，或到室外走一走放鬆一下。

肢體活化法

X 不行！我一定要想出來，這專案一定要一口氣完成。

〇 沒關係，也坐了三個多小時了，出去外面散步個十分鐘好了。

本篇學習重點

找回四種戰鬥力的微行動

找回 D 型人的戰鬥力：縮小目標並擬定優先次序

找回 I 型人的戰鬥力：加倍時間並轉化心中藉口

找回 S 型人的戰鬥力：預期挫折並累積小小成就

找回 C 型人的戰鬥力：放下完美並適時舒活筋骨

筆記

Chapter 5

斷捨離不只是丟東西，而是成為更好的自己

整理自己是否不想改變過去的五個問題

❶ 有人給你建議時，你容易一下子就接受嗎？
❷ 清理掉物品時，是不是會覺得揮別了過去？
❸ 是否容易對自己熟悉的事物有既定印象？
❹ 你是否喜歡嘗試並接觸不同的人事物？
❺ 是否總覺得改變會讓自己有不安全感？

從第一次斷捨離了五十件衣服後，接著在半年後，又再度出清約二十件的外套褲子及二十幾雙襪子，尤其是不容易決定捨棄的西裝外套，因為這些外套曾陪我經歷過上千小時的戰役。

這批外套是我講師生涯的第二次「轉型」，我常笑說我的「轉型」跟一般企業講師所指的「專業轉型」或「模式轉型」不太一樣，我的轉型會比較像是藝人的「形象轉型」及「定位轉型」。

最早進入企業訓練界時，我的穿搭風格是百分百依照前輩的樣子來複製，業界前輩大約都是耳順之年的標準西裝風格。穩重的深沉單色系、及膝的外套長度、舒適寬鬆的腰身、蓋到指關節的袖長、直筒式的寬鬆褲管，及看起來厚重的材質。

穿在前輩身上是一種厚實的穩重及權威感，但穿在一個三十出頭的我身上，就是「小孩穿大衣」的概念。當時覺得跟著前輩穿就是最適合的穿搭，而且為了讓自己看起來更老成，所以會刻意選擇更老的樣式，不然在這個行業是很容易被嫌資歷不夠。

幾年後，因課程關係遇到一位資深的娛樂圈經紀人，在她手上帶過的藝人有劉德華、吳宗憲、大小S…等數十位藝人，人稱W姐。W姐看了我一身的裝扮後，只有搖頭再加上一句：「太老派了！」

當時雖然我嘴上沒有反駁，但心裡OS就是：「我們這又不是娛樂圈，我是講師，又不是藝人，是要穿的五顏六色去上課嗎！？我這樣穿才會顯得專業、穩重，你懂嗎！」

當時我是很不認同W姐的「講師藝人化」論調，總覺得企業講師重視的是經驗及專業，如果你穿的太過時髦，企業人資及主管還會覺得你不夠穩重，貶低了講師的專業度。不過還是敵不過W姐的熱心，被推著去一間從不敢進去的義大利進口服飾店。

一進店裡真的冷汗直流，一來是這種時尚的西裝，真的適合我這種行業嗎？二來是這一套西裝都很貴吧！剛出來講課的這幾年總不是那麼順利，要是再花個幾萬塊，我肯定要吃土了。

但W姐不愧是看過無數藝人的老江湖，一下就看出我的擔憂，就跟我說：「看看試穿一下又不用錢。」我同事也敲邊鼓的說：「W姐親自幫你挑衣服耶，只有大咖的藝人才有這種待遇喔！」

起初有幾件我真的很反抗，亮面絲質的天空藍外套、亮面條紋的銀灰色外套，不然就是很像演舞台劇的襯衫，對我這個「老派」的大腦來說，真的是太前衛了。

不過怎麼也沒想到，W姐依照我能接受的程度去微調後，一穿上去突然覺得鏡子裡的我，有電視螢幕上型男的感覺，後來越試越有感覺，本來想半小時就打發W姐的好意的我，竟然待了兩個多小時。最後提了兩大袋衣服回去，一次就直升VIP金卡，不過結帳時，心裡也是在淌血。

除了看起來比較帥氣外，整個人的質感也跟以往不同，而且更重要的是換上新系列西裝後，在講台上的「自信度」立刻提升了好幾倍，讓我深刻感受到「人要衣裝、佛要金裝」的智慧。

我就在想是不是因為「衣服貴了，人也看起來貴了」，自信也就多了。難怪大家都要買精品，似乎看上去就會顯得更有自信。我相信虛榮心理的作用是一定有的，但在我感受到更多的是找到了自己的「定位」，因為也試過更貴的傳統西裝，但只能讓自己「感覺」穿得很貴，但自信心一樣的低弱。

W姐在過程中跟我說過一句話：「年輕就是你的特色，為什麼企業講師就一定要長得老老的，穿得老老的？你這麼年輕就能在企業講課，難道企業不會覺得很厲害、很特別嗎？年輕不是你的弱勢，反而是你的優勢！」

一個熱心、一個念頭讓我經歷了第一次的「轉型」，我開始拋開過去傳統講師的印象，不再刻意把自己裝得老練，穿上那些顯老的西裝，上比較輕鬆的課程時，也開始不打領帶改穿休閒西裝，但反而比以前更有自信。

其中更發現之前為何非要「西裝筆挺」的去上課，因為自信心不足，所以想透過西裝這件外殼來強化別人對我的評價。

之後，不只是衣服，連鞋子及髮型也一併讓我轉型。我非常感謝W姐當時的威逼利誘，不只是造型，連帶影響了我在課程、表達、簡報等所有的呈現，不僅滿意度提高，也吸引不少想轉型「年輕化」的企業來邀我授課，完全印證W姐的話，把年輕變成是我的最大優勢。

而第二次的轉型也是受W姐的啟發，將厚重的西裝外套，換成更年輕及輕薄的休閒系列，因第三次轉型到來，所以才將第二次轉型的休閒系列轉贈給親友。對我來說，轉型的不只是外在穿搭，更是突破內心「自我否定」的高牆，每一次的斷捨離不只是想著要丟多少東西，而是為了成為更好的自己。

攻心戰略大解析

開啟DISC四型人超能力的問答題

不為了丟棄而丟棄；是為了更好而捨離

D型人該先自問的四道問答題？

❶什麼目標能讓你感到熱血沸騰？

究竟是成為創立企業的大老闆、用錢滾錢的投資家、治理國家的領袖、拍出票房保證的金獎導演，還是風靡千萬人的超級巨星，會讓你想起來感到熱血沸騰？談錢不市儈，論名不俗氣，認清你內心渴求的目標，才能激發你無限的潛力。

❷至今你克服過最大的困難是什麼？

一個人的能力就是，這輩子曾克服過困難的總和！解決小問題，得到小能力，克服大困難，獲得大能力。哪一個成功的人不是跌跌撞撞、走過千山萬水才有今天的成就，但世人只會看見成功的那一次，但卻忽略曾失敗過的一千次。

❸ 誰是你學習的標竿對象？

「你的偶像是誰？」不只是小學的作文題目，更是《星際大戰》四十二年來所要表達的核心價值之一。「導師」是每一位絕地武士影響最深遠的人。你都不該只是空羨慕偶像的成就，而是去看他們做了什麼，付出了什麼，還有面臨危難時是怎麼思考的。

❹ 你該如何走出第一步？

馬雲與孫正義都同意一個論調：「三流點子一流執行力，勝過一流點子三流執行力。」馬雲常提醒年輕人說：「昨夜想想千條路，一覺醒來走回頭路。」計劃人人會做，夢想人人會想，但願意踏出第一步的，到底曾幾何人？

I型人該先自問的四道問答題？

❶什麼是你最感興趣的事情？

三分鐘熱度的，不叫興趣，叫一時的興致。興趣能不能當飯吃？要看是不是「真正的興趣」。真正的興趣不是只有好玩、有趣、總覺得開心。真正的興趣是一種帶著執著的熱情，不用逼、不用求、不會想著賺大錢，而只是樂在其中。

❷什麼是你失去已久的天賦？

不要以為天賦就是現在擅長，或得心應手的事，事實上全世界只有百分之五不到的人在運用天賦工作，這些人是奧斯卡影帝影后、葛萊美歌手、NBA 球星、百大品牌 CEO 等各領域的頂尖人士。努力是天賦的包裝，所以天賦是加一點努力就能贏過一半人的能力。

❸如何把熱情與工作結合？

僅有極少數幸運的人，能一下就把熱情與工作結合在一起，因為現實的考量，常會讓熱情成了生活的犧牲品，但無論現實多麼艱辛，永遠不要放棄你的熱情，哪怕是只有十分之一的時間可以點燃它，那便是一個最好的開始。

❹ 哪些人是你想共事的人？

近朱者赤，近墨者黑是最簡單，但也最難做的道理，我們都以為無法選擇會遇到哪些人，或身邊會出現誰，但其實自己可以決定要留在哪些人的身邊，及想遇到哪些人。俗話說：「跟著千萬賺百萬，跟著百萬賺十萬，跟著乞丐會要飯。」

S型人該先自問的四道問答題？

❶ 做什麼事情會讓你擁有使命感？

小成就來自於眼前的利益，大成功始於遠大的使命。使命感是一種精神上的滿足，是一種賺再多錢，也無法感受到，但不賺錢，卻一直拼命做的感動，如果財富、權力和成就無法讓你感到衝動，那試試使命感是否能打動你的心。

❷ 哪些事情總讓你心懷感激？

感謝是一種禮貌，感激是一種感動。領到薪水會讓你感謝老闆，但不會滿懷感激，被客戶含著淚水的讚揚，便是感激之情。感激不是只有被人大力的讚賞，而是看到自己內心良善的一面，懷著感激之情對待他人，便能獲得源源不絕的動力。

❸ 是不是常有自己辦不到的想法？

自我懷疑及否定是人之常情，你想得到的成功及專業人士有百分之九十九都曾懷疑或否定過自己，因為本來沒有一個人是完美的人。成功者與平庸者差在當他們自我懷疑時，選擇再往前走了一步又一步，而不是停下腳步，浪費時間在想「我做不到」。

❹ 什麼方法可以促使自己採取行動？

採取行動是一種「結果」，而不是過程，因此問題在於當你在「過程」

時就已經否決了「結果」。激勵喊話和猛喝心靈雞湯，只會有短暫的效果，最終還是得回到傾聽內心的聲音，這件事有讓你感動嗎？有讓你擁有使命感嗎？有感覺時，就可以跨出第一步了。

C型人該先自問的四道問答題？

❶什麼原因才會促使你出類拔萃？

為的是金錢還是成就感？為的是責任還是為了生活？為的是名聲還是崇高的理想？誰都可以把事情做完，但要做到卓越超群、出類拔萃，就不是每個人都有的本事。為錢做事是庸才，為理念做事是人才，為人類做事是未來。

❷做什麼事情能帶來正面積極的感覺？

以悲觀之心看待未來，可以防範危難，以樂觀的態度看待，可以成就未來。正面積極不是過度樂觀，或相信永遠一切美好，而是可以幫助人們度過掙扎與焦慮。擁有正面積極的心不難，或許是一本書、一首歌、一場電影，亦或是一頓晚餐的約會。

❸ 什麼是你必須坦承的缺點？

追求完美不是問題，就像工廠流水線一樣，零缺點是每間企業所追求的目標。然而人生和產品不太一樣。面對自己的缺點不容易，承認自己的缺點更是不簡單的，但坦承自己某方面的不足，會更像一個有溫度的人，而不是冰冷的機器人。

❹ 要怎麼讓自己或世界變得更好？

世界上永遠都有兩種選擇，一種是只讓自己變好，另一種是讓世界更好。讓世界更好並不是要犧牲小我完成大我，而是做一件事情的出發點，單單只為了自己，容易讓人覺得自私，但先為他人再為己，便是一種格局、一種氣度，所成之事將不僅是小事。

本篇學習重點

如何開啟 DISC 四型人的超能力

激發 D 型人超能力的關鍵問題：你的人生成就為何？

激發 I 型人超能力的關鍵問題：你的人生夢想為何？

激發 S 型人超能力的關鍵問題：你的人生價值為何？

激發 C 型人超能力的關鍵問題：你的人生意義為何？

筆記

致謝

「一個人走的快，一群人走的久」，是我創業這十多年來很深的感觸，一本書也是一樣，是集眾人之力才有的美好果實。

首先要感謝城邦媒體集團的大家長何飛鵬執行長、中華心希望空間整理顧問協會何安蒔理事長、臺北科技大學管理學院邱垂昱院長、臺北科技大學EMBA校友會呂朝福理事長、中華人事主管協會林由敏執行長、千萬部落客兩性作家艾姬、永達保經高五陳慧雯處經理、華語首席故事教練許榮哲老師、Panasonic臺灣松下多層材料森谷俊信總經理，以及TVBS政經話節目主持人錢怡君的鼎力推薦，不僅使此書更加光彩耀眼，也讓我能站在巨人的肩膀上，看的更高、走得越遠。

再來要感謝此書的「生母」林開富總編，從第一本《DISC識人溝通學》開始，他對我的支持與包容，總是能給我在寫作上的動力，更重要的是，他總是能幫我把混亂無邊際的想法彙整成一部精彩又實用好書，找出我的盲點，讓我更有信心及效率的再次完成《DISC識人溝通學2》。

也感謝此書的墨刻出版社的編輯與設計團隊，從封面的設計到內文的多元編排，都是我很喜歡的一部分，沒有你們，這本書也只是一張張稿子而已，真心的感謝你們。

此外，也感謝我的公司合夥人及同仁，這段時間，沒有你們幫忙打理公司上上下下的大小事，讓我有時間專心寫作此書，才能順利的在一年後再次出版新書，謝謝你們幫忙與協助。

也感謝多年來支持我的企業客戶及學員朋友們，有了你們的親身故事和經歷，才能讓冰冷的知識有了溫暖人心的溫度，讓技巧不再只是技巧，而是能讓讀者有了更真實的感受與行動，你們的故事也為這個世界注入了更多正能量，謝謝你們。

無論如何一定要再次感謝我的父母，沒有你們在背後做我最堅實的後盾，我也無法走到這一刻，也請原諒兒子沒日沒夜的忙碌，不能時刻陪在你們身邊。我知道健康和孝順不能等，而這本書也讓我好好審視了過去，太多的東西反而讓自己陷入慌忙的漩渦，未來會多用心去體會生活，而不是只忙碌於生存之際，謝謝你們無盡的愛。

最後一位要感謝的，正是陪伴此書到最後一刻的讀者，每一次的寫作都希望不僅僅是傳遞知識與技巧，更希望讓文字前的「你」感受到溫度與能量。成長不只是學習幾種方法，而是喚醒內心的感動與悸動，讓自己更像是生命，而不是電腦或機器。

若你從中有所獲益，非常歡迎透過臉書與我分享，也期盼大家能將此書分享給更多的家人和朋友，讓世界因你而美好，謝謝你，也祝福你擁有美好幸福的人生。

祝福每一位讀者

世界的模樣，取決於你的目光。

自己的價值，取決於你的信仰。

筆記

DISC識人溝通學2

誰說一定要被喜歡才能被祝福：
斷捨離消耗你的人，就能遇到對的人！

作者蔡緯昱**編輯協力及校對**王永秦、吳德萱**美術設計暨封面設計**RabbitsDesign**行銷企劃經理**呂妙君**行銷專員**許立心**特別感謝**心惢文創有限公司

總編輯林開富**社長**李淑霞**PCH生活旅遊事業總經理**李淑霞**發行人**何飛鵬 **出版公司**墨刻出版股份有限公司 **地址**台北市民生東路2段141號9樓 **電話** 886-2-25007008 **傳真**886-2-25007796 EMAIL mook_service@cph.com.tw **網址** www.mook.com.tw **發行公司**英屬蓋曼群島商家庭傳媒股份有限公司城邦分公司 **城邦讀書花園** www.cite.com.tw **劃撥**19863813 **戶名**書蟲股份有限公司 **香港發行所**城邦（香港）出版集團有限公司 **地址**香港灣仔洛克道193號東超商業中心1樓 **電話**852-2508-6231 **傳真**852-2578-9337 **經銷商**聯合股份有限公司（電話：886-2-29178022）金世盟實業股份有限公司 **製版印刷** 漾格科技股份有限公司 **城邦書號**KG4013 ISBN 978-986-289-525-2 **定價**380元 **出版日期**2020年6月**初版**・2023年2月二版一刷

國家圖書館出版品預行編目(CIP)資料

DISC識人溝通學. 2：誰說一定要被喜歡才能被祝福：斷捨離消耗你的人,就能遇到對的人! / 蔡緯昱著. -- 初版. -- 臺北市：墨刻出版：家庭傳媒城邦分公司發行, 2020.06

面； 公分

ISBN 978-986-289-525-2(平裝)

1.人際關係 2.成功法

177.2 109007191